MUTTER-KIND-TURNEN

Meiner lieben Mutter Elisabeth
gewidmet

Gerhard Schmidt

Mutter-Kind Turnen

für Kinder · Mütter · Väter
Lehrer · Übungsleiter

STEIGER VERLAG

CIP-Kurztitelaufnahme der Deutschen Bibliothek
Schmidt, Gerhard:
Mutter-Kind-Turnen: für Kinder, Mütter, Väter, Lehrer,
Übungsleiter/Gerhard Schmidt. –
Berwang/Tirol: Steiger, 1987.

ISBN 3-85423-061-3

Illustrationen

Sämtliche Farbaufnahmen und Zeichnungen in diesem Buch
von Prof. Dr. Gerhard Schmidt.

Druck: Wiener Verlag, Himberg · Printed in Austria

INHALT

EINLEITUNG

Titelwahl

Der Titel des Buches wurde aus rein pragmatischen Erwägungen heraus gewählt. »Mutter-Kind-Turnen« ist doch der am weitesten verbreitete Begriff mit dem größten Bekanntheitsgrad.

Programm, Inhalt und Absicht des Buches werden jedoch durch diesen Titel nur teilweise widergespiegelt.

Es geht um das freudvolle miteinander Bewegen, Spielen, Probieren, Entdecken, Erfinden und Erleben von Erwachsenen und kleinen Kindern. Es sind also die Väter genauso gemeint und aufgerufen, aktiv mitzutun wie die Mütter. »Eltern-Kind-Turnen« oder »Familienturnen« wären mögliche Alternativen. Tatsache ist jedoch, daß in Vereinen und Institutionen, die ein »Mutter-Kind-Turnen« anbieten, die Väter eher die vielbewunderte und bestaunte Ausnahme darstellen. Dennoch bleibt der legitime Wunsch nach stärkerer Einbindung des Vaters bestehen.

Zielgruppen

Die erste und größte Zielgruppe sind alle Mütter und Väter mit Kleinkindern (vor allem im Alter von 3 bis 6 Jahren). Ihnen sollen mit diesem Buch Einblick und Anregungen gegeben werden. Die vielfältigen Möglichkeiten der Partnerübungen und Handgeräteübungen kann man mit den Kindern schon im häuslichen Rahmen ausprobieren. Es soll aber auch Motivation sein, mit Gleichgesinnten ein entsprechendes Übungsangebot eines Vereines in Anspruch zu nehmen, oder wenn noch nicht vorhanden, ein solches ins Leben zu rufen! Die Übungsmöglichkeiten in Turn- und Sporthallen sind natürlich noch weitaus interessanter als zu Hause.

Die zweite Zielgruppe sind Lehrer und Übungsleiter in Vereinen, Volkshochschulen und anderen Institutionen. Sie finden in dem Buch eine Fülle an Übungsstoff, der sie in die Lage versetzt, viele freudvolle und abwechslungsreiche »Mutter-Kind-Turnstunden« zu gestalten.

Als dritte Zielgruppe sind Kindergärtnerinnen, Volksschullehrer und Leiter von Kleinkinderabteilungen angesprochen, denn vieles von dem Übungsstoff im Buch ist auch für ihre Schützlinge sehr gut brauchbar.

Da das Buch für »Praktiker« bestimmt ist, habe ich mich bemüht, den Theorieteil möglichst kurz zu halten. Außerdem versuchte ich ohne »Expertenchinesisch« auszukommen.

Alle Übungen habe ich nach Möglichkeit in den entsprechenden, entwicklungsgemäßen Zusammenhang gestellt und nach ihrer Schwierigkeit abgestuft eingeordnet (vom Leichten zum Schwierigen, vom Einfachen zum Zusammengesetzten). Überdies sind sämtliche Übungsformen von mir in der Praxis mehrfach ausprobiert worden, also »ehrliche« und bewährte Übungen.

Zeichnungen und Fotos

Die über 700 Strichzeichnungen – von mir persönlich angefertigt – sollen eine rasche Orientierung und Erfassung für den Übungsleiter gewährleisten. Was die Notenschrift für den Musiker, das soll die Strichzeichnung für den Leibeserzieher bedeuten. Die Zeichnungen sind überdies möglichst lebendig, sachlich, klar und den Intentionen des Buches gemäß »geschlechtsneutral« gehalten (Mutter oder Vater).

Dennoch soll auch der Text gründlich studiert werden, da viele Hinweise zur Durchführung, zu Übungsvariationen, zu Gefahrenquellen, aber auch methodische Tips gegeben werden.

Die »Kurzbezeichnung« vieler Übungen dient ebenfalls der raschen Erfassung und bietet Assoziationsmöglichkeiten. Für Mütter, Väter und Übungsleiter sollen die verwendeten Begriffe (z. B. Faultiertragen, Kunstreiter, Foppen, Hubschrauber, Hebekran ...) Anlaß zu Erläuterungen und Erklärungen sein. Auf diese Weise wird auch der Wortschatz der Kinder erweitert! Es gibt aber durchaus auch andere, sehr originelle, passende Wortschöpfungen, die von den Kindern kommen und genauso beachtet und übernommen werden sollten!

Die Fotos sind das Ergebnis jahrelanger Sammeltätigkeit und vermitteln neben der sachlichen auch noch die emotionelle Seite des »Mutter-Kind-Turnens«.

Absicht des Buches

Das »Mutter-Kind-Turnen« soll weder Abhängigkeit schaffen noch sie erhalten helfen. Es ist vielmehr eine Möglichkeit, unter sicherer Obhut früher mit den Kleinen zu beginnen und sie damit früher zu Eigentätigkeit, Selbständigkeit und Selbstsicherheit zu bringen (siehe »Aktuelle Probleme«, Seite 267).

Durch das Miteinander-Bewegen, -Spielen und -Turnen werden die gefühlsmäßigen Bindungen zwischen Eltern und Kindern auf natürliche Weise gefördert.

Freudvolle und zweckmäßige Übungsformen für das Kind und erschwerte Aufgaben für die Erwachsenen sollen sinnvoll vereint werden. Wenn das in abwechslungsreichen Turnstunden immer wieder gelingt, dann ist gut gearbeitet worden.

Auf das Überschreiten der entsprechenden Reizschwellen im motorischen, psychischen und sozialen Bereich ist dabei zu achten. Einfacher ausgedrückt: In einer richtigen Turnstunde muß geschwitzt und gelacht werden. Der natürliche Weg führt dabei von der »Säuglingsgymnastik« über einfache Partnerübungen, dem Spielen mit den verschiedensten Handgeräten und dem Turnen auf Großgeräten hin zum selbständigen, freudvollen und sicheren Bewegen.

Ziel ist, wie bei allen gut geführten Bewegungsstunden, Gesundheit und Freude, Leistungsfähigkeit und soziales Wohlbefinden.

Dank

Drei Frauen haben wesentlich am Zustandekommen des Buches mitgewirkt.

Meiner Mutter Elisabeth verdanke ich zahlreiche Anregungen und viele Übungen, die sie in ihrer langjährigen Praxis auf diesem Gebiet erprobt hat (siehe »Historische Entwicklung«, Seite 261). Außerdem fühle ich mich in Hinblick auf Einfallsreichtum, Kombinationsgabe und Fabulierkunst durch sie sehr stark »erblich belastet«.

Meine Frau Barbara hat in mühevoller Kleinarbeit und mit großer Geduld meine handgeschriebenen Entwürfe in Maschinschrift übertragen und so erst »druckreif« gemacht. Außerdem hat sie, zusammen mit meinen vier Kindern, Georg, Margit, Stefan und Irene, als sportliches, einfühlsames und kritisches Fotomodell, ganz wesentlich zum Zustandekommen der schönen Farbfotos beigetragen.

Meine Schwester Irmgard schließlich hat das Manuskript kritisch gelesen und korrigiert.

Ihnen allen gilt mein herzlicher Dank!

Dem Verleger gebührt besonderer Dank für das Aufgreifen des Themas und für die qualitativ hochwertige Ausstattung des Buches.

Gymnastik mit Kleinkindern (Baby-Turnen)

Es ist zwar nicht Absicht des Buches, sich mit der Säuglingsgymnastik näher auseinanderzusetzen, dennoch soll im Sinne einer »ganzheitlichen Betrachtungsweise« kurz auf wichtige Entwicklungsaspekte des »Kleinstkindes« und auf Fördermöglichkeiten hingewiesen werden.

Daß die ersten Lebensjahre die entscheidenden sind und hier die Weichen gestellt werden, ist heute unbestritten (Diem 1976, Meinel 1971, Nikitin 1978, Prudden 1970).

Auch der starke Zusammenhang zwischen körperlicher und intellektueller Entwicklung in diesen Lebensjahren gilt wissenschaftlich als gesichert (Diem 1975, Kiphard, Rieder, Schilling 1975).

Daraus ergibt sich die Notwendigkeit, den Kindern von Anfang an möglichst günstige Entwicklungsbedingungen zu verschaffen. Kinder sollen keinesfalls in ihrem Bewegungsdrang gehemmt werden. Es ist dies eine der größten Sünden wider die Natur. Kinder brauchen viel mehr Möglichkeiten zu vielseitigen Bewegungen. Außerdem sind besondere Anregungen und aktive Unterstützung durch die Erwachsenen von großem Nutzen.

Bei der Geburt sind außer einigen angeborenen Reflexen (saugen, schreien, Lidschutz, husten, niesen ...) nur unkoordinierte Bewegungen vorhanden. Im ersten Lebensjahr entstehen die ersten gezielten koordinierten Bewegungen (greifen, aufrichten, fortbewegen ...). Bei diesen Vorgängen ist eine vom Kopf nach unten »absteigende« Entwicklungstendenz zu beobachten. Bei der Körperaufrichtung und den verschiedenen Fortbewegungsformen sind die Arme den Beinen immer um eine Stufe voraus.

Die Reihenfolge der Entwicklung ist gesetzmäßig, obwohl große individuelle Unterschiede im zeitlichen Auftreten der jeweiligen Fertigkeiten zu beobachten sind (Frühentwickler – Spätentwickler). Meist ist die Frühentwicklung das Ergebnis günstiger Umweltbedingungen und früher Anregung durch die Eltern.

Welcher Art sollen diese Anregungen sein?

- Enger menschlicher Kontakt – Geborgenheit
- Berührungs- und Hautempfindungen – Wärmegefühl
- Rhythmisches Mitbewegen – Atemrhythmus
- Zehenklammern, Fingerklammern – Klammerreflexe
- Häufige Bauchlagerung als Vorbereitung für alle Fortbewegungsarten

- Ausgiebiges Kriechen als Voraussetzung für Stehen, Gehen, Klettern usw.

Genaue und ausführliche Beispiele finden sich in der angegebenen Fachliteratur (Diem 76, Neumann 55).

Einige Regeln für das »Üben« mit den ganz Kleinen, aber auch mit bereits etwas größeren Kindern, sind von Nutzen.

Das Turnen soll unbekleidet vor dem Baden und vor den Mahlzeiten erfolgen. Die Räume sollen warm, aber gut gelüftet sein. Die Unterlage soll fest, eben und groß genug sein. Ruckartige Bewegungen sind zu vermeiden. Die Eltern sollen mit innerer Anteilnahme und persönlichem Engagement das Kind anleiten. Innere Ruhe, Freundlichkeit und Konzentration übertragen sich auf das Kind. Flexible Reaktionen auf Unlustäußerungen des Kindes sind nötig. Regelmäßigkeit ist besonders wichtig. Besser kürzer (10–15 Minuten), aber gleichmäßig die ganze Woche, als an wenigen Tagen übermäßig.

Auch ohne sichtbare Lernerfolge bzw. Fortschritte ist der liebevolle Umgang mit dem Kind zu keinem Zeitpunkt ohne Sinn! Es ist sicherlich eine Kunst, das richtige Maß zu finden und auf Regungen der Eigenaktivität des Kindes spontan einzugehen. Dennoch ist all das Angeführte weitgehend erlernbar.

Verantwortungsvolle Eltern sollten sich bewußt sein, daß eine besonders liebevolle Zuwendung und Förderung der körperlichen Aktivität in diesem Alter ungemein günstig auf die Entwicklung der Gesamtpersönlichkeit wirkt und einen enormen Startvorteil für das Kind bedeutet!

1. Die Grundtätigkeiten – Spielen und Üben zu zweit

Die Grundtätigkeiten sind der eigentliche Kernpunkt des Buches. Sie sind der »rote Faden«, der sich durch alle Übungsstunden zieht.

Es handelt sich bei den Grundtätigkeiten um Bewegungen, die dem Menschen »arteigen« sind, zur »Lebensbewältigung« gebraucht werden. Es sind Tätigkeiten, die einerseits der eigenen Fortbewegung, der Meisterung des eigenen Körpers dienen, z. B. kriechen, schlüpfen, gehen, laufen, hüpfen, springen, steigen, klettern, hangeln ..., andererseits der Handhabung von außerhalb des Körpers befindlichen Gegenständen, z. B. greifen, fassen, ziehen, schieben, heben, tragen, stoßen, werfen, fangen.

Alle Leibeserzieher, denen die harmonische, ganzheitliche Entwicklung des Kindes ein Anliegen war, wiesen auf die große Bedeutung der richtigen Aneignung gerade dieser Bewegungsabläufe hin. Neuere Forschungen betonen vor allem die Wichtigkeit der Vielseitigkeit und Differenziertheit der Aneignungssituationen der Grundtätigkeiten (Ungerer 67, Kiphard 72, Rieder 75 ...).

Gerade diese Vielfalt, das möglichst abwechslungsreiche Variieren der Grundtätigkeiten, ist das besondere Anliegen dieses Buches. Dabei werden vor allem die für die volle Entfaltung der Koordination so wichtigen »entwicklungsgeschichtlich« älteren Bewegungsmuster (kriechen, Vierfüßler, balancieren, gehen ...) in immer wieder neuen Situationen variiert und gesteigert. Dadurch erst entwickelt sich eine angemessene Kontrolle über diese Bewegungsabläufe. Sie können jederzeit »abgerufen« werden, und aus der häufigen Wiederholung ergibt sich dann die angestrebte Bewegungssicherheit.

Auf beidseitiges Üben (rechts, links) ist dabei zu achten! Frei spielende Kinder wiederholen von sich aus einen einmal »grob« geglückten Bewegungsablauf so lange, bis er beherrscht wird. Auch das Prinzip der Variation kann bei ihnen sehr gut beobachtet werden.

Für den Übungsleiter ist die Beobachtung der Tatsache, daß sich die Erwachsenen bei den »ontogenetisch« älteren Bewegungsabläufen oft sehr schwer tun, ein Hinweis darauf, daß diese Bewegungen in ihrer Kindheit sträflich vernachlässigt wurden. Das Üben und Variieren der Grundtätigkeiten ist für alle Altersstufen sinnvoll und gewinnbringend!

Bei den nun folgenden Beispielen für Grundtätigkeiten sind solche ausgewählt worden, die sich als Partnerübungen nebeneinander und miteinander durchführen lassen. Unmittelbar aufeinander aufbauende Bewegungsformen sind jeweils zu einer Gruppe zusammengefaßt.

Das Prinzip der steigenden Schwierigkeit ermöglicht es, eine gezielte und differenzierte Auswahl zu treffen.

Vom Abschnitt: »Körperspannen und Gleichgewichthalten« an erfolgt ein allmählicher Übergang zu kleinen Kunststücken, die wiederum zum Spielen mit und an Geräten überleiten.

Die Grundtätigkeiten in Form von Partnerübungen haben den großen Vorteil, daß sie eigentlich fast überall ohne großen Aufwand spontan durchgeführt werden können. Das oftmalige, kurzfristige Probieren und Wiederholen der Übungen ist auch die für das Kind angemessenste Form. So können zwischendurch immer wieder günstige Entwicklungsreize gesetzt werden.

Richtige Übungsstunden in »Bewegungsräumen« bzw. Turn- und Sporthallen erweitern natürlich die Möglichkeiten um ein Vielfaches.

Da bei den reinen Partnerübungen das Klimmen, Steigen, Klettern und Hangeln zu kurz kommen muß, sollte eine komplette Übungsstunde sowohl eine situationsgerechte Auswahl aus den kleinen Bewegungsspielen und den Grundtätigkeiten beinhalten, als auch irgendein Großgerät mit einschließen.

Kriechen und Schlüpfen

Die Kriechformen und das Fortbewegen auf allen Vieren werden deshalb so ausführlich behandelt, weil damit die Bewegungskoordination der Kinder (aber auch der Erwachsenen) ungemein günstig beeinflußt und gefördert werden kann.

Für den Laien sicherlich am erstaunlichsten ist die enorme Vielfalt an Fortbewegungsmöglichkeiten (Weywar 1960).

Außerdem führt das Kriechen koordinativ direkt weiter zu den ebenso wichtigen vielfältigen Kletterformen (siehe Großgeräte).

Ein glatter Turnsaalboden ist für die folgenden Übungen vorteilhaft. Es können jedoch auch Turnmatten verwendet werden.

1. Robben

Mutter und Kind befinden sich in Bauchlage. Die Unterarme werden vor dem Kopf auf den Boden gestützt, die Beine sind gestreckt. In dieser Stellung versucht jeder nur mit Hilfe der Arme vorwärts zu kommen. Ein abwechselndes Drehen des Rumpfes nach rechts und links unterstützt diese »älteste« (entwicklungsgeschichtlich) Fortbewegungsform.

Eine bestimmte Strecke robben!

2. Anschleichen

Wieder Bauchlage. Außer den Unterarmen wird jetzt abwechselnd das rechte bzw. linke Knie an den Körper gezogen und beim Weiterschieben eingesetzt.

Wie die Indianer!

3. Kriechen (auf Händen und Knien)

Beide in Bankstellung (Hände und Knie stützen auf dem Boden ab).

Laut mitzählen – eins – zwei – eins – zwei!

a) Jeder kriecht durch gleichzeitiges diagonales Vorsetzen der Gliedmaßen (= diagonale Rumpfabstützung). *Reihenfolge:* rechte Hand, linkes Knie gleichzeitig, dann linke Hand, rechtes Knie gleichzeitig usw. (2-Taktkriechen im »Diagonalschritt«).
b) Jeder kriecht durch abwechselndes diagonales Vorsetzen der Gliedmaßen. *Reihenfolge:* rechte Hand, dann linkes Knie, dann linke Hand, dann rechtes Knie. (4-Taktkriechen im »Diagonalschritt«).

c) Jeder kriecht durch gleichzeitiges und gleichseitiges Vorsetzen der Gliedmaßen (= seitliche Rumpfabstützung). *Reihenfolge:* rechte Hand, rechtes Knie, dann linke Hand, linkes Knie. Ein deutliches Rumpfwälzen erleichtert den Bewegungsablauf (2-Taktkriechen im Paßgang).

Alle oben beschriebenen Kriechformen können sowohl vorwärts als auch rückwärts ausgeführt werden.

4. Kriechtier führen

Die Mutter kriecht (am günstigsten in der Form 3b) in der Halle herum. Das Kind geht nebenher und führt bzw. lenkt die Mutter dabei am Ohrläppchen. Rollentausch nicht vergessen!

Zart lenken!

5. Doppelkriechtier

Mutter und Kind sind in Bankstellung hintereinander. Das Kind faßt die Fußfesseln der Mutter, und beide kriechen so durch den Saal.

a) vorwärtskriechen
b) rückwärtskriechen

Rhythmus!

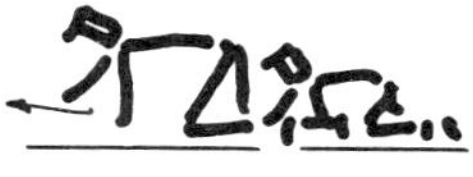

6. Durchschlüpfen

a) Beinetunnel
Zwei Mütter bzw. zwei Kinder liegen in Rückenlage, die Fußsohlen gegeneinander gedrückt und die Beine vom Boden abgehoben.

Die Kinder schlüpfen in Bankstellung und die Mütter in Bauchlage durch diesen Tunnel durch.

b) Grätschstandtunnel
Die Mutter ist im Grätschstand, das Kind schlüpft durch diesen Tunnel durch und stellt sich dann ebenfalls im Grätschstand auf. Nun schlüpft die Mutter durch usw. Jeder entsprechend seinen Möglichkeiten (Bauchlage, kriechen ...).

Rhythmisch »rumpfwälzen«!

7. Vierfüßler

Beide bewegen sich auf allen vieren. Sie berühren dabei mit den Händen und mit den Füßen (nicht mit den Knien) den Boden.

a) Gehen im Paßgang (z. B. Bär)
Gleichzeitiges Vorsetzen von Händen und Füßen der gleichen Körperseite (= seitliche Rumpfabstützung). *Reihenfolge:* rechte Hand, rechter Fuß, linke Hand, linker Fuß. Ein gleichzeitiges Rumpfwälzen erleichtert die Bewegung.

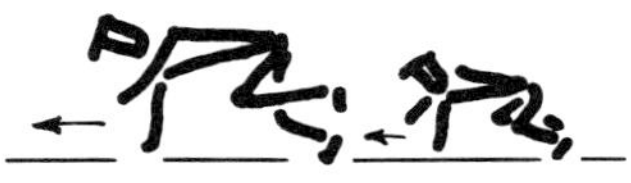

b) Laufen im Paßgang (z. B. Kamel)
Wie bei a), nur werden Hände und Füße der gleichen Körperseite nicht gleichzeitig, sondern knapp hintereinander aufgesetzt. Die Fortbewegung erfolgt rascher.

c) Galoppieren (z. B. Pferd)
Es ist dies die rascheste Fortbewegungsart auf allen vieren! Die

Rumpfabstützung erfolgt dabei diagonal. Hände und Füße berühren jeweils knapp hintereinander den Boden. *Reihenfolge:* linke Hand, rechte Hand, linker Fuß, rechter Fuß = Linksgalopp, die häufiger anzutreffende Form, beim Rechtsgalopp – gegengleich.

d) Hoppeln (z. B. Hase)
Aus dem Hockstand vorbewegen (vorspringen) in den Liegestütz, abstoßen mit beiden Füßen und die Beine wieder anhocken. Die Bewegung hat nur zwei Tempi – strecken und beugen! Man stützt einmal gleichzeitig über beiden Armen, dann über beiden Beinen ab. Anstrengend! (Auch mit Nachrutschen der Beine möglich, siehe Kartons »Raupe«.)

Eine bestimmte Strecke weit!

Alle Übungen von a) bis d) sind nicht nur vorwärts, sondern auch rückwärts möglich (wesentlich schwieriger!).

8. Dreifüßler

Das Kind befindet sich auf allen vieren und hält ein Bein nach oben. Die Mutter faßt dieses Bein und führt das »verletzte Hunderl« spazieren. Man kann das Hunderl auch am Bein etwas zurückhalten. Rollentausch!

Das Bein nicht zu hoch ziehen!

9. Stute und Fohlen

Die Mutter geht (läuft) auf allen vieren mit möglichst hochgewölbtem Rücken so, daß das Kind unter ihr Platz findet und mitkriechen kann.

Langsam beginnen!

10. Hindernis überqueren

Die Mutter liegt in Bauchlage (eventuell Beine geöffnet), das Kind läuft auf allen vieren. Es soll das Hindernis, möglichst ohne es zu berühren, überqueren. Zuerst bei den Beinen beginnen, dann beim Rumpf versuchen. Beim Rollentausch geht das Kind nicht in Bauchlage, sondern in Bankstellung.

11. Gesäßkriechen

a) Beide bewegen sich vom Hocksitz durch Vorstrecken der Beine in den Strecksitz. Sie setzen dann die Fersen auf, schieben mit beiden Händen nach und rutschen auf dem Gesäß vorwärts wieder in den Hocksitz. (Das Gesäß kann dabei auch abgehoben werden.)

Auch auf Tüchern möglich!

b) Wie bei a), nur dürfen die Hände nicht mehr verwendet werden. Es ist nur mehr ein Rutschen möglich.

Auf glattem Boden geht es leichter!

c) Hocksitz, die Beine etwas vom Boden abgehoben. Die Hände stützen auf dem Boden und schieben (bzw. ziehen) den Körper weiter.

d) Nur für besonders Gschickte! Arme und Beine werden in die Luft gehalten (Schwebesitz). Jeder versucht sich durch abwechselndes Vorschieben der rechten und linken Gesäßhälfte weiterzubewegen. Schwierig aber möglich!

Nicht gleich aufgeben, es geht!

12. Bauch hoch

Beide im Hocksitz gegenüber. In dieser Stellung sollen sie die Hände abstützen, das Gesäß abheben und den Bauch möglichst hoch hinauf drücken.

Mehrere Male!

13. Wechselhüpfen rücklings

Beide im Liegestütz rücklings, ein Bein angehockt, das andere vorgestreckt und leicht angehoben. In dieser Stellung soll abwechselnd durch »Umspringen« das gehockte Bein vorgestreckt und das gestreckte Bein angehockt werden (= Wechselhüpfen). Sehr anstrengend!

Mit Musik (Polka) geht es besser!

14. Rücklings Kriechen

Beide im Liegestütz rücklings. In dieser Stellung vorwärts- oder rückwärtsbewegen, ohne mit dem Gesäß den Boden zu berühren.

a) gehen
b) laufen

Es können wieder wie beim Kriechen oder Vierfüßler verschiedene

Fortbewegungsarten ausprobiert werden (Paßgang, Trab, Galopp). Diese Kriechformen sind die anstrengendsten und schwierigsten!

Eine bestimmte Strecke vorgeben!

15. Nackenbrücke und Durchschlüpfen

Die Mutter liegt in Rückenlage, zieht die Beine etwas an und hebt das Gesäß vom Boden ab. Das Kind schlüpft unter der »Nackenbrücke« auf verschiedenste Arten durch! Wer entdeckt die meisten Möglichkeiten?

Mehrere Versuche!

Gehen und Laufen

Gehen und Laufen sind die alltäglichsten Bewegungshandlungen. Sie sollen daher in keiner Übungseinheit fehlen! Dennoch sind das richtige, aufrechte, straffe und zugleich harmonische Gehen sowie das lockere und leichte Laufen keine Selbstverständlichkeit. Erst durch Üben und Probieren unter den verschiedensten Bedingungen wird wirkliche Sicherheit und Eleganz gewonnen.

In dem für das Mutter-Kind-Turnen besonders geeignetem Alter (3–6 Jahre) gibt es außerdem noch verschiedene Ausreifungsstufen und Könnensgrade des Gehens und Laufens, die man beachten muß. Auf keinen Fall darf man das Laufen nur unter dem Wettkampfaspekt des Sports sehen (Tollich-Sulke 1972).

Aus den hier angebotenen Beispielen, die wie bei allen Grundtätigkeiten nach dem Grad ihrer Schwierigkeit gereiht wurden, soll sinnvoll ausgewählt werden.

Die Übungsformen können frei verteilt in der Halle ausgeführt werden. Bewährt hat sich aber auch ein Üben von einer Hallenlängsseite zur anderen. Dies entspricht einerseits dem Intervallprinzip der Belastung für die Kinder dieser Altersstufe, ermöglicht dem Übungsleiter aber zugleich einen besonders guten Überblick.

1. Gehen – auf verschiedene Weise – mit und ohne Handfassung

a) gewöhnlich (spazierengehen)
b) mit ganz kleinen Schritten (trippeln)
c) mit ganz großen Schritten (Siebenmeilenstiefel)
d) mit Blick nach oben (Hans Guck-in-die-Luft)
e) mit Blick nach unten und hängenden Schultern (Rührmichnichtan)
f) ganz leise gehen (schleichen)
g) ganz laut gehen (trampeln)

Wer erfindet weitere Möglichkeiten? (Rückwärtsgehen, Seitstellschritte ...)

Theater spielen! Hinfallen ...

2. Zwerge und Riesen

a) Beim Gehen immer kleiner werden. Wer kann lange im Hockstand weitergehen?

Passende Gestik und Mimik dazu!

b) Beim Gehen immer größer werden. Wer kann möglichst lange im Ballenstand weitergehen?
c) Einmal ist die Mutter der Zwerg und das Kind der Riese, dann umgekehrt.

3. Gleichschritt

a) Nebeneinander gehen mit Betonung des Rhythmus.
b) Hintereinander gehen mit gegrätschten Beinen im Grätschgleichschritt. Die Mutter faßt das Kind dabei unter den Achseln (auch rückwärts!).

Rhythmus! Schrittlänge!

4. Zusammengewachsen

Das Kind steht auf den Füßen der Mutter. Die Mutter faßt das Kind unter den Achseln. In dieser Stellung gehen beide spazieren.

a) Blick in die gleiche Richtung
b) Blick zueinander

Mithelfen durch Gewichtsverlagerung!

Immer wieder üben!

5. Gehen und Händeklatschen

a) Während des Gehens soll beliebig in die Hände geklatscht werden! Wer kann »hell« klatschen? Wer kann »dumpf« klatschen?

b) Bei jedem Schritt einmal in die Hände klatschen (immer, wenn das Bein aufgesetzt wird).
c) Zwischen den Schritten klatschen (immer, wenn das Bein in der Luft ist) – schwierig!

6. Paradeschritt

Beide gehen nebeneinander im Gleichschritt.

Körperspannung!

a) mit hohem Knieheben
b) mit hohem Knieheben und Händeklatschen unter dem Knie
c) mit hohem Beinspreizen
d) mit hohem Beinspreizen und Händeklatschen unter dem Bein

Allmählich das Tempo steigern!

7. Übersteigen

a) Die Mutter befindet sich in Bauchlage oder tiefer Bankstellung. Das Kind soll über das Hindernis steigen ohne es zu berühren.

b) Das Kind kniet in Bankstellung, die Mutter steigt über das Hindernis.

8. Doppelmarschierer

Die Mutter steht im Grätschstand. Das Kind steht gegenüber, faßt die Mutter um die Hüfte und geht mit den Füßen zwischen den Beinen der Mutter vor in den Hangstand. Die Mutter faßt das Kind unter den Oberarmen und geht mit ihm in dieser Stellung herum.

a) vorwärtsgehen
b) rückwärtsgehen

Spannen und mitgehen!

9. Laufen – auf verschiedene Weise – mit und ohne Handfassung

a) gewöhnlich
b) leise laufen
c) laut laufen
d) Kurven laufen
e) rückwärtslaufen (Vorsicht!)

10. Kreislaufen

a) Die Mutter ist im Hocksitz, einen Arm in Hochhalte. Das Kind erfaßt die hochgehaltene Hand und läuft um die Mutter herum, ohne die Fassung zu lösen. Rollentausch!

Vorsicht – Fliehkraft!

b) Mutter und Kind fassen einander an einer Hand. Das Kind geht (läuft) im Kreis um die Mutter, die sich mitdreht. Nicht zu lange – Schwindel! Handwechsel und Richtungswechsel.

c) Beide haken mit den rechten Armen ein und laufen miteinander einen Kreis. Nach 1–2 Kreisen trennen sie sich, laufen frei in der Halle herum, finden wieder zueinander, haken mit den linken Armen ein usw.

11. Laufen im Hangstand

a) Die Mutter ist im Grätschstand, das Kind steht der Mutter gegenüber. Die Mutter faßt das Kind fest an beiden Handgelenken. Das Kind läuft durch die Beine der Mutter soweit wie möglich nach vorne (in den Hangstand) und dann wieder zurück in die Ausgangsstellung. Die Mutter begleitet die Bewegung mit den Armen und dem Oberkörper.

Turnergriff oder »Artistengriff«

b) Beide blicken in die gleiche Richtung. Die Mutter faßt die hochgehobenen Arme des Kindes an den Handgelenken. Das Kind geht mit den Beinen vor bis in den Hangstand. In dieser Stellung gehen (bzw. laufen) beide in der Halle herum. (Auch Rückwärtslaufen ist möglich!)

12. Tempo anpassen

Mutter und Kind nebeneinander, die inneren Hände gefaßt.

a) Die Mutter geht mit raschen Schritten, das Kind läuft und soll immer genau auf gleicher Höhe bleiben. Rollentausch!
b) Die Mutter läuft so rasch, daß das Kind gerade noch mithalten kann!

Rücksicht nehmen!

Hüpfen und Springen

Hüpfen und Springen sind Ausdrucksmöglichkeiten der Lebensfreude. Man hüpft und springt, wenn man sich freut (Freudensprung), aber man wird auch freudiger gestimmt, wenn man hüpft.

Auch bei diesen Grundtätigkeiten gibt es eine klare Entwicklungslinie. Sie führt vom beidbeinigen Hüpfen über den Galopp zum einbeinigen Springen.

Aus den nachfolgenden Beispielen soll wieder entwicklungsgemäß ausgewählt werden.

1. Beidbeiniges Hüpfen

Mutter und Kind stehen einander gegenüber.

a) Beidbeiniges Wippen bis in den hohen Ballenstand.
b) Die Mutter sitzt mit leicht geöffneten und abgewinkelten Beinen. Das Kind stützt sich mit den Händen auf den Knien der Mutter ab und hüpft beidbeinig.
c) Die Mutter faßt das Kind unter den Unterarmen und unterstützt das beidbeinige Hüpfen.
d) Beidbeiniges Hüpfen ohne Unterstützung.

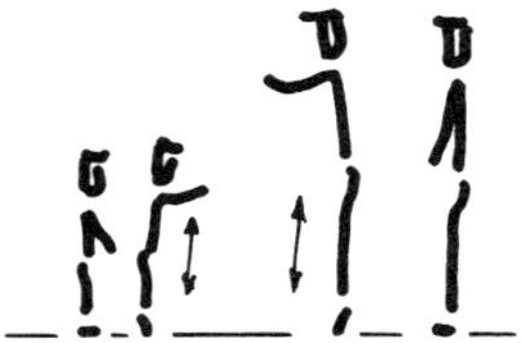

Immer leise landen!

2. Sprungmännchen

Die Mutter steht hinter dem Kind und faßt dieses an den hochgehaltenen Händen. Das Kind springt beidbeinig ab, und die Mutter unterstützt den Absprung durch Hochziehen sowie den Niedersprung durch Abbremsen an beiden Armen.

a) beidbeiniger Strecksprung
b) anhocken der Beine in der Luft

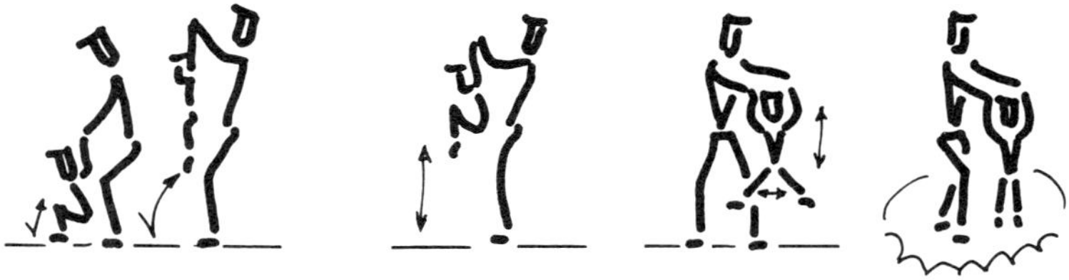

Gut abbremsen!

c) grätschen der Beine in der Luft
d) Beidbeinige Seitwärtssprünge im Kreis, die Mutter dreht sich dabei um die eigene Achse. Richtungswechsel!

3. »Ballspielen« (Prellen)

Einer geht in tiefe Hockstellung, er ist der »lebende Ball«. Wenn der andere auf den Scheitel des Hockenden draufdrückt, beginnt der »Ball« zu hüpfen.

Starker Druck = hoch hüpfen; geringer Druck = niedrig hüpfen; Druck nach vorne = vorwärtshüpfen; Druck nach hinten = rückwärtshüpfen; Druck nach der Seite = seitwärtshüpfen.

Rollentausch nicht vergessen!

Sinnvoll abwechseln!

4. Hampelmannspringen

Stand gegenüber

a) Sprünge mit Grätschen und Schließen der Beine.
b) Wie bei a), nur werden bei jedem Grätschen (oder Schließen) der Beine die Hände über dem Kopf zusammengeschlagen.

Welches Paar kann es gleichzeitig? Welches Paar kann es gegengleich? Welches Paar kann es ganz schnell?

5. Grätschhüpfen

Die Mutter befindet sich in Bauchlage.

a) Das Kind läuft mit gegrätschten Beinen über die Mutter vor und wieder zurück.
b) Das Kind hüpft beidbeinig mit gegrätschten Beinen vorwärts und darf mit den Händen auf der Mutter abstützen.
c) Grätschhüpfen ohne Abstützen.

a) b) c)

Rollentausch! (Form b ist für die Mutter nicht sinnvoll)

6. Galopphüpfen

Man springt dabei mit beiden Beinen ganz knapp hintereinander vom Boden ab und landet wieder ganz knapp hintereinander (= Doppelschlag, das kennzeichnende Galoppgeräusch). Ein Bein ist dabei hauptsächlich »Sprungbein«, das andere vor allem »Landebein«.

a) Seitwärtsgalopphüpfen links
b) Seitwärtsgalopphüpfen rechts
c) Vorwärtsgalopphüpfen links (oder rechts)
d) Rückwärtsgalopphüpfen links (oder rechts) = schwierigste Form!

»Hopp, hopp, hopp,
Pferdchen lauf Galopp ...«

Alle Hüpfformen sollten zuerst mit doppelter Handfassung geübt werden. Beim Seitwärtsgalopp blicken die Paare zueinander, beim Rückwärtsgalopp stehen sie hintereinander. Erst wenn die Grobform stimmt, dann allein galoppieren! Kinder lernen den Galopp erstaunlich schnell!

7. Wechselhüpfen (Strohschneider)

Stand gegenüber, beide Hände gefaßt. Jeder hat ein Bein vor- und das andere zurückgestellt (Quergrätschstand). In dieser Stellung Wechselhüpfen.

a) Mit Zwischenwippen nach jedem Beinwechsel.
b) Mit direktem Beinwechsel. Die Arme werden dabei ebenfalls gegengleich vor- und zurückbewegt (rechtes Bein – linker Arm, linkes Bein – rechter Arm).

»Schneid o, schneid o a Schipperl Heu, a Schipperl Stroh ...«

8. »Tellerreiben« (Kreisgalopp)

Mutter und Kind stehen einander gegenüber, sie haben beide Hände gefaßt. Sie beginnen um die gemeinsame Mittelachse zu galoppieren und versuchen, dabei immer schneller zu werden. Nicht zu lange! (Schwindel!) Richtungswechsel!

Vom Gegengewicht her ist es günstig und lustiger, wenn zwei Kinder bzw. zwei Mütter miteinander Tellerreiben!

Aufpassen – Fliehkraft!

9. Einbeinig hüpfen

Beide stehen einander gegenüber. Jeder hüpft auf einem Bein.

a) Gewöhnlich.
b) Das »freie Knie« wird mit beiden Händen umfaßt und hochgehalten.
c) Das »freie Bein« wird abgewinkelt und rückgespreizt (Ferse ans Gesäß) und mit beiden Händen hinter dem Körper gefaßt! (Für jüngere Kinder sehr schwierig!)

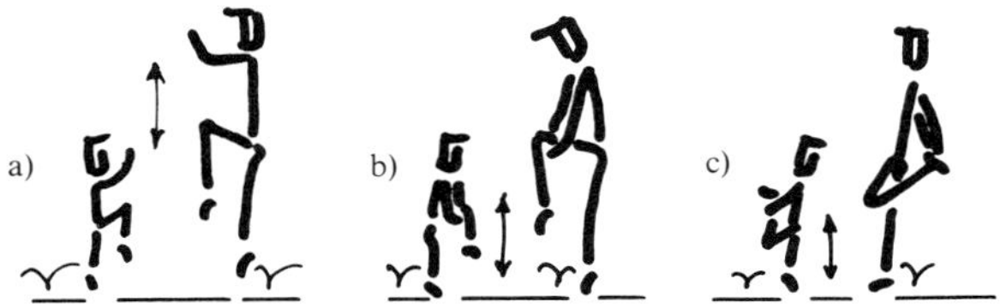

Immer auf leises, federndes Landen achten!

10. Spazierenhüpfen

a) Die Mutter hat ein Bein vorgespreizt. Das Kind faßt das Bein mit beiden Händen und geht langsam vorwärts. Die Mutter hüpft auf dem anderen Bein mit. Beinwechsel und Rollentausch! Das Bein des Kindes nicht zu hoch heben!
b) Dasselbe mit zurückgespreiztem Bein.

Distanz nicht zu weit! 10 Hüpfer genügen! Lieber öfter wechseln!

11. Doppelhüpfer

a) Stand nebeneinander, innere Hände gefaßt. Mit den äußeren Händen fassen sie unter das abgewinkelte Knie, ziehen es an den Körper und versuchen, so miteinander zu hüpfen. Welches Paar

a) 

b)  Gut abfedern!

schafft 10 Hüpfer, ohne auszulassen? Welches 20 Hüpfer? Handwechsel und Beinwechsel!

b) Stand gegenüber, jeder faßt mit beiden Händen unter das Knie des anderen. In dieser Stellung versucht jedes Paar wenigstens einmal im Kreis herumzuhüpfen. Wer schafft mehrere Kreise? Richtungswechsel!

12. Überspringen

a) Die Mutter sitzt im Grätschsitz. Das Kind läuft um die Mutter herum und überspringt dabei deren Beine. Wenn zwei Mütter (Kinder) Rücken an Rücken sitzen, ist die Übung noch lustiger. (4 Sprünge pro Runde!)
b) Wie bei a), nur sitzt die Mutter im Strecksitz mit geschlossenen Beinen. Die Beine können auch etwas vom Boden abgehoben werden (Sprungkönnen beachten!).
c) Die Mutter befindet sich in Bauchlage. Das Kind springt je nach Können quer über die Beine, das Kreuz oder das Gesäß der Mutter.

a) 

b) 

Nicht gegeneinander laufen und springen!

c) 

Bei allen Sprungformen Richtungswechsel und Rollentausch nicht vergessen!

13. Känguruh

Das Kind sitzt im Hüftsitz auf der Mutter, die Arme um ihren Hals gelegt und die Beine an die Hüfte angepreßt. Die Mutter faßt das Kind unter den Oberschenkeln (Gesäß) und hüpft beidbeinig mit ihm durch die Halle.

Das Kind beim Hüpfen fest an sich drücken!

Ziehen und Schieben

Durch die großen Unterschiede zwischen dem Gewicht und der Größe der Mutter und dem des Kindes sind die Möglichkeiten für das Kind bei Partnerübungen stark eingeschränkt. Dennoch sollten derartige Übungen einerseits nicht fehlen, andererseits auch nicht zur Überforderung des Kindes führen.

Die Mutter wird daher ihren Widerstand so dosieren bzw. so mithelfen, daß das Kind auch zu Erfolgserlebnissen kommen kann! Eine gute Lösung des Problems besteht darin, bei einigen Aufgaben zwei ungefähr gleichkräftige Kinder bzw. Mütter miteinander üben zu lassen!

1. Der Widerspenstige

Die Mutter zieht das Kind an der Hand hinter sich her. Das Kind ist widerspenstig, es will nicht mitgehen und leistet Widerstand. Beim Rollentausch gibt die Mutter hin und wieder ein Stück nach!

→

»Glockenläuten«. Eine besonders beliebte und freudvolle Übung, die das Schwunggefühl verbessert. Der »Sicherheitsgriff« ist dabei zu beachten!

2. Baumstammziehen

Das Kind liegt auf dem Rücken. Die Mutter steht, faßt es an beiden Händen und zieht es zu sich her. Beim Rollentausch beugt die Mutter die Beine und schiebt mit den Füßen etwas an.

Eine bestimmte Strecke weit!

3. Mehlsacktransport

Das Kind ist in Rückenlage. Die Mutter stellt sich im Grätschstand über das Kind, beugt sich vor und faßt dessen hochgehaltene Hände.

a) Sie zieht das Kind bis in den Strecksitz hoch, legt es wieder hin, zieht es hoch usw.
b) Sie zieht das Kind aus der Rückenlage schwunghaft über den Hang bis in den Stand hoch.

Sachte hinsetzen!

4. Auseinanderreißen

Zwei Mütter liegen am Rücken und fassen einander an beiden Händen (einer Hand). Jedes Kind versucht, seine Mutter von der anderen

←

»Statuen bauen«. Eine gute Übung zum Erproben der Körperspannung und zur Schulung des Gefühls für das Gleichgewicht.

wegzuziehen, so daß deren Griff gelöst wird. Erfolgserlebnis ermöglichen! Beim Rollentausch Zug allmählich steigern!

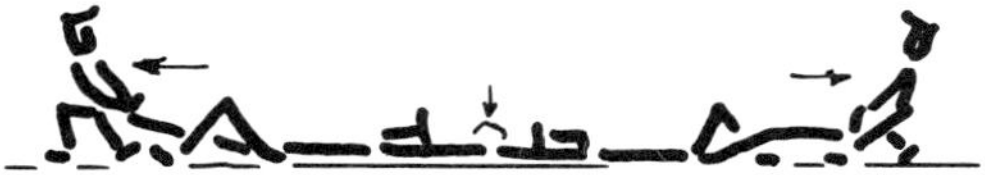

5. Schlittenfahren

a) Das Kind sitzt im Schwebesitz mit etwas geöffneten Beinen. Die Mutter faßt das Kind an den Beinen und zieht das Kind durch den Saal. Wenn der Fußboden nicht glatt genug ist, hilft ein untergelegtes Tuch (Karton ...). Leichter ist es für das Kind, wenn es dabei die eigenen Fußfesseln faßt.
b) Die Mutter sitzt im Schwebesitz und stützt mit den Händen rechts und links vom Körper ab. Wenn sich das Kind »vor den Schlitten spannt«, um ihn zu ziehen, schiebt die Mutter mit den Händen an.

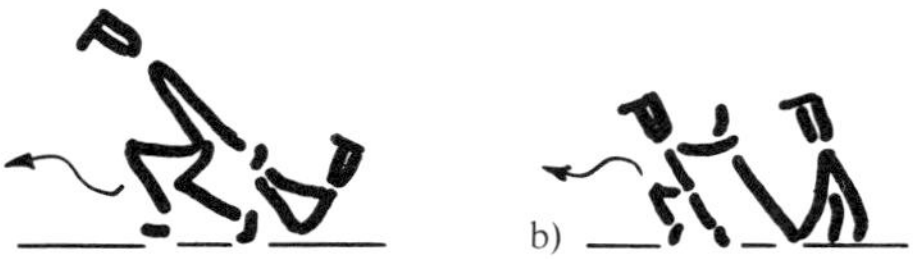

a) b) Strecke verkürzen!

6. Gesäß hinunterdrücken

Die Mutter befindet sich im Liegestütz. Das Kind steht neben der Mutter und versucht, deren Gesäß mit beiden Händen hinunterzudrücken. Die Mutter leistet Widerstand.

Beim Rollentausch den Druck dosieren.

7. »Sitzaufmanderl«

Die Mutter ist im Strecksitz. Das Kind steht mit gegrätschten Beinen über den Beinen der Mutter mit Blick zu ihr. Es versucht, mit beiden Händen die Mutter aus dem Strecksitz in die Rückenlage umzukippen. Diese behält den rechten Winkel zwischen Beinen und Oberkörper immer bei und hält nun die Beine lotrecht. Das Kind muß sich umdrehen und jetzt die Beine zu Boden drücken, wodurch sich die Mutter wieder aufsetzt!

Sehr lustig! Vorsicht, daß beim Kippen das Kind nicht umgeworfen wird! Beim Rollentausch kann die Mutter neben dem Kind stehen (knien).

Ganz steif machen!

8. Umstoßen

a) Die Mutter befindet sich im Hockstand. Das Kind versucht, die Mutter umzustoßen. Diese gibt durch kleine Hüpfer bzw. Schritte nach. Rollentausch!
b) Das Gleiche, nur mit geschlossenen Augen, so daß man nicht weiß, woher der Stoß kommen wird! Sehr lustig!

Unregelmäßig stoßen!

9. Störrischer Esel

Die Mutter befindet sich im Winkelliegestütz (Gesäß hoch-, Schultern zurückgedrückt). Das Kind versucht, den »störrischen Esel« durch Anschieben am Gesäß vom Platz zu bewegen.

Beim Rollentausch auf die richtige Schulterhaltung achten und nicht zu fest schieben. (Auf das Gesicht aufpassen!)

Auf die richtige Schulterstellung kommt es an!

10. Rückenkampf

Beide sitzen (hocken) Rücken an Rücken. Jeder versucht den anderen mit dem Rücken (Gesäß) wegzuschieben.

11. Hinausschmeißen

Das Kind steht hinter der Mutter und versucht, diese wegzuschieben (= hinauszuschmeißen). Die Mutter leistet Widerstand.

Rollentausch nicht vergessen!

Heben und Tragen

Hier gilt Ähnliches wie bei Ziehen und Schieben. Ein Rollentausch erweist sich überdies als unmöglich. Dennoch soll die Mutter diese Übungen nicht als bloße »Belastung« empfinden. Erstens wird ihre Kraft dabei nicht unbeträchtlich gesteigert, und zweitens wollen kleine Kinder einfach gerne getragen werden und ganz besonders gerne reiten! Auch der speziell bei diesen Übungen enge Körperkontakt fördert das Gefühl der Geborgenheit und des »Urvertrauens«!

Aus den folgenden Möglichkeiten sollen für jede Unterrichtseinheit natürlich nur eine oder zwei Formen ausgewählt werden.

Die eigentlichen Hebe- und Trageaufgaben für die Kinder finden sich beim Üben mit Handgeräten. Auch sinnvolle Helferdienste beim Auf- und Abbau von Großgeräten sind möglich.

1. Pakettransport

Das Kind sitzt im Hocksitz und umklammert ganz fest beide Beine. Die Mutter faßt das »Paket« in den Kniekehlen, hebt es hoch und trägt es herum.

Möglichst aufrecht gehen!

2. Teppich tragen

a) Die Mutter kniet sich hin, legt sich das Kind wie einen Teppich über die Schultern, steht auf und trägt es im Saal herum.
b) Die Mutter faßt den »Teppich«, legt ihn über die Hüfte und trägt ihn so.

Vorsichtig wieder ablegen!

3. Hebekran

Die Mutter liegt in Rückenlage mit angehockten und auf dem Boden aufgesetzten Beinen. Das Kind sitzt auf den Füßen der Mutter. Beide fassen einander an beiden Händen (außerhalb der Knie). Die Mutter versucht mit den Beinen, das Kind vom Boden abzuheben. Unter festem Zug gelingt es leichter!

Zusammenarbeiten durch Gewichtsverlagerung!

4. Förderband

Die Mutter befindet sich im Hocksitz. Das Kind sitzt auf den Füßen der Mutter. Beide fassen einander außerhalb der Knie an den Händen. Die Mutter legt sich ein wenig zurück, hebt das Kind mit den Beinen etwas vom Boden ab, schiebt die Beine vor und setzt die Fersen auf dem Boden auf. Dann rutscht sie mit dem Gesäß nach, bis sie sich wieder in der Ausgangsstellung befindet (= Hocksitz).

Dann beginnt die Mutter diese Übung von neuem und rutscht so immer weiter.

Rhythmisch vor- und zurücklegen!

5. Bauchwiege

Die Mutter sitzt mit leicht angezogenen Beinen, die Hände stützend auf dem Boden. Das Kind setzt sich mit Blick zur Mutter auf deren Schoß und stützt sich an deren Schultern ab. Die Mutter hebt nun das Becken vom Boden ab (sie geht in den Liegestütz rücklings).

a) Das Becken wird nur hochgehoben und wieder abgesenkt.
b) Im Liegestütz rücklings soll das Becken rechts und links seitwärts bewegt werden (»Wiege«).

c) Das hochgehaltene Becken soll vor- und zurückbewegt werden (»Schaukel«).
d) Im Liegestütz rücklings ein Stückchen laufen.

Langsam beginnen!

Wenn das Kind auf dem Bauch liegt, sind alle Übungen etwas leichter. Welches Kind kann »frei« sitzen, ohne sich anzuhalten? Mit größeren und schwereren Kindern sind diese Übungen nicht mehr durchführbar.

6. Faultiertragen

Die Mutter befindet sich in Bankstellung. Das Kind liegt unter ihr auf dem Rücken. Es umfaßt mit beiden Händen den Nacken der Mutter und klammert sie ganz fest mit den Beinen an der Hüfte. Die Mutter kriecht mit dem »hängenden Faultier« herum. Auf den Nakkengriff achten! Man merkt, wenn er sich zu lösen beginnt!

Beim Ablegen zuerst den Kopf fassen!

7. Hutschpferd

Die Mutter befindet sich in tiefer Bankstellung, das heißt, ihr Gesäß berührt die Fersen, die Arme sind gebeugt. Das Kind erklettert das »Hutschpferd« und legt (setzt) sich auf den Rücken des Pferdes. Die Mutter richtet sich zur Bankstellung auf und bewegt nun den Oberkörper vorwärts und rückwärts. Der Rücken soll dabei möglichst waagrecht gehalten werden.

Zuerst langsam, dann schneller!

8. Überklettern

Zwei Mütter knien in Bankstellung dicht nebeneinander. Die Kinder sollen dieses Hindernis überklettern. Die Bankhöhe wird je nach Größe und Können der Kinder variiert.

Nicht »kopfüber« abklettern!

9. Ausreiten

Die Mutter ist wieder in Bankstellung. Das Kind klettert auf den Rücken der Mutter. Diese kriecht auf allen vieren mit dem »Reiter« herum.

a) gewöhnlicher Reitsitz – mit anhalten
b) gewöhnlicher Reitsitz – ohne anhalten
c) verkehrt auf dem Pferd sitzen – mit anhalten
d) verkehrt auf dem Pferd sitzen – ohne anhalten

10. Verletzter Reiter

Die Mutter befindet sich in Bankstellung. Das Kind liegt quer über dem Rücken der Mutter, es läßt die Arme auf der einen Seite und die Beine auf der anderen Seite des »Pferdes« herabhängen. Die Mutter kriecht mit dem »verletzten Reiter« vorsichtig herum!

Das Gewicht richtig verteilen!

11. Kunstreiter

Die Mutter ist wieder in Bankstellung. Das Kind befindet sich in Bankstellung auf dem Rücken des »Pferdes«. Je nach Können läßt es mit einer oder mit beiden Händen los. Die Mutter kniet zuerst ruhig, dann bewegt sie sich wie im Zirkus … vorwärts, rückwärts, seitwärts.

Wer erfindet weitere »Kunststücke«?

12. Umklettern

Die Mutter steht aufrecht. Das Kind befindet sich im Hüftsitz auf der Mutter. Es soll die Mutter einmal (mehrmals) umklettern, ohne dabei mit einem Körperteil den Boden zu berühren. Die Mutter unterstützt das Kind mit den Händen.

Richtungswechsel! Einmal links herum, einmal rechts herum!

Vielleicht geht es auch ohne Hilfe?

13. Huckepackreiten

Das Kind klettert auf den Rücken der Mutter. Es hält sich mit den Händen an den Schultern der Mutter an und umklammert mit den Beinen die Hüfte der Mutter. Die Mutter umfaßt die Oberschenkel des Kindes und geht (läuft) so in der Halle herum.

Hoppa, hoppa Reiter ...

14. Schulterreiten

Das Kind stellt sich im Grätschstand hin. Die Mutter geht zunächst in Bankstellung hinter dem Kind, steckt ihren Kopf zwischen den Beinen des Kindes durch und erfaßt diese. Dann richtet sie sich langsam über den Kniestand zum Stand auf und geht (läuft) herum. Das Absetzen des Kindes erfolgt in umgekehrter Weise. Beim Absenken vom Kniestand in die Bankstellung aufpassen – Übergewicht!

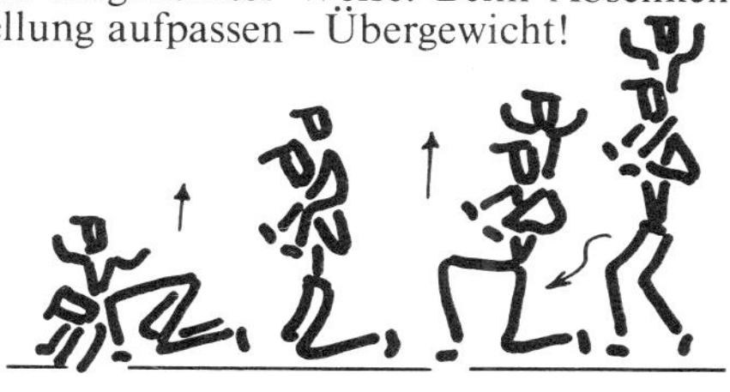

Behutsam wieder hinstellen!

Schwingen und Drehen

Das richtige Gefühl für das Schwingen, für das Hin und Her, für den Umkehrpunkt, für das Vermehren des Schwunges kann schon frühzeitig erworben werden. Ideale Geräte dafür sind: Schaukel, Trapez und Schaukelringe. Aber auch Partnerübungen können helfen, erste, freudvolle »Schwingerfahrungen« zu sammeln.

Ähnliches gilt für das Drehen, das von jung und alt immer wieder als faszinierend empfunden wird, was die große Anzahl von »Ringelspielen« auf Rummelplätzen und in Vergnügungsparks eindrucksvoll beweist. Auch hier gibt es spielerische Partnerformen zur ersten Einführung.

1. Knödelreiter

Die Mutter steht hinter dem Kind. Sie faßt mit den Händen unter den Achseln des Kindes hindurch die Handgelenke der gegengleichen Arme (= Sicherheitsgriff für Verletztentransport). Ein Knie drückt sie an das Gesäß des Kindes. Durch Aufwärtsschieben des Knies schwingt sie das Kind vorhoch, geht dabei einen Schritt vorwärts und stellt es wieder hin. Das gleiche wiederholt sie mit dem anderen Bein und bewegt sich so mit dem Kind vorwärts.

2. Hüftschwünge

Mutter und Kind stehen einander gegenüber. Die Mutter faßt das Kind unter den Achseln. Das Kind springt beidbeinig vom Boden ab und spannt dabei den Körper.

a) 

b) 

a) Es öffnet die Beine und landet federnd im Grätschsitz auf den Hüften der Mutter. Diese schwingt es wieder in den Stand zurück. Wichtig ist dabei das Halten der Körperspannung!
b) Es läßt die Beine fest geschlossen und landet mit dem Gesäß auf dem rechten (linken) leicht gebeugten Oberschenkel der Mutter. Diese schwingt das Kind zum Sitz auf den anderen Oberschenkel hinüber usw. – Mehrere Wiederholungen!

3. Pendel

Beide stehen einander gegenüber. Die Mutter beugt sich etwas vor und faßt das Kind unter den Achseln. Das Kind faßt die Mutter im Flechtgriff um den Nacken. Die Mutter richtet sich auf, hebt das Kind hoch und schwingt es wie ein »Pendel« nach rechts und links.

4. Handschaukel

Das Kind steht mit gegrätschten Beinen schräg vor der Mutter. Beide blicken in die gleiche Richtung. Die Mutter faßt von vorne so zwischen den Beinen des Kindes durch, daß dieses auf der nach hinten abgewinkelten Hand der Mutter sitzen kann. Das Kind klammert sich fest an den Unterarm der Mutter. Diese hebt es vom Boden ab und schaukelt es schwungvoll nach vorne und hinten hoch. (Handwechsel!)

5. Glockenläuten

Das Kind steht vor der Mutter, beide blicken in die gleiche Richtung. Die Mutter faßt das Kind unter den Achseln hindurch an den Handgelenken. Dann hebt sie es hoch und schwingt es abwechselnd zwischen den gegrätschten Beinen nach hinten und anschließend vorne hoch. Sehr freudvoll! Vorsicht! Schwung langsam steigern!

6. Sitzkreisel

Mutter und Kind sitzen einander gegenüber. Beide heben die Beine etwas vom Boden ab und drehen sich mit Hilfe der Arme um das eigene Gesäß.

a) mit angehockten Beinen
b) mit gestreckten Beinen
c) zuerst mit gestreckten Beinen, die während der Drehung rasch angehockt werden.

7. Kaffeemühle

Die Mutter sitzt im Winkelsitz. Das Kind erfaßt die Beine der Mutter und geht (läuft) damit im Kreis herum. Richtungswechsel!

Beim Rollentausch kann die Mutter auch die Beine des Kindes auslassen und wegstoßen – wie beim Sitzkreisel.

8. Ringelspiel

a) Mutter und Kind blicken in die gleiche Richtung. Die Mutter bückt sich etwas vor. Das Kind faßt mit den Händen hinter den Nacken der Mutter, und diese faßt es an den Oberarmen. Dann richtet sie sich auf und dreht sich mit dem Kind um die eigene Achse. Richtungswechsel!
b) Dasselbe, nur mit Fassung der Handgelenke.
c) Dasselbe, aber mit Blick zueinander.

9. Fliegerdrehen

a) Das Kind kniet in Bankstellung. Die Mutter faßt es an einem Handgelenk und einer Fußfessel. Dann hebt sie es vom Boden ab und dreht sich mit dem »Flieger« im Kreis herum. Vorsicht! Platzbedarf!
b) Dasselbe, nur aus der Rückenlage. Das Kind »fliegt« mit Blick nach oben.

Körperspannen und Gleichgewichthalten

Diese beiden Aspekte des Bewegens wurden mit voller Absicht zu einem eigenen Kapitel zusammengezogen.

Ohne gut ausgebildete Muskulatur gibt es keine Körperspannung, und ohne diese kann das Gleichgewicht nicht richtig gehalten werden.

Partner-Aufgaben zur Verbesserung der Körperspannung gibt es viele, für die Gleichgewichtsschulung zu zweit weit weniger. Hier muß auf die zahlreichen Beispiele beim Turnen und Spielen an Großgeräten verwiesen werden.

1. Schüttelfrost und Kältestarre

Mutter und Kind stehen einander gegenüber. Wer kann:

a) Die Arme zuerst locker durchschütteln und dann ganz steif halten?
b) Den ganzen Körper locker durchschütteln und dann ganz steif stehen (gehen)?

Sehr lustig!

2. Beine spannen

Beide sitzen im Strecksitz gegenüber, die Beine liegen nebeneinander.

a) Das Kind hebt seine gestreckten, geschlossenen Beine über die Beine der Mutter auf die andere Seite und wieder zurück. Rollentausch!
b) Jeder hebt seine gestreckten Beine vom Boden ab. Wer kann sie länger in der Luft halten?
c) Arme und Beine vom Boden abheben.

Mehrmals!

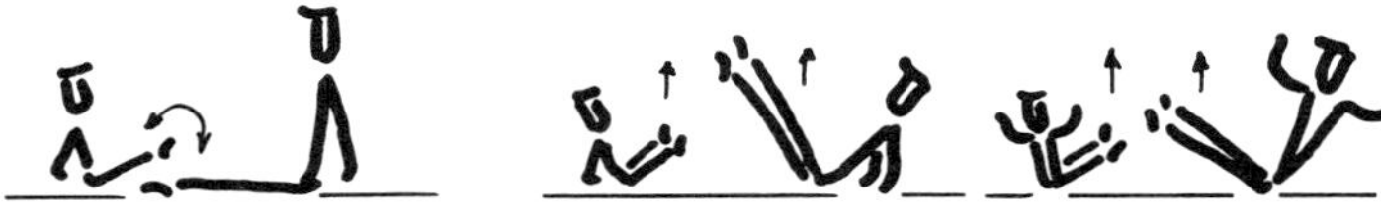

3. Beine niederdrücken

Die Mutter sitzt im Strecksitz und hat die Beine etwas vom Boden abgehoben. Das Kind versucht mit den Händen, die Beine der Mutter zu Boden zu drücken. Diese leistet Widerstand. Rollentausch!

Erfolgserlebnis ermöglichen!

4. Beine öffnen – Beine schließen

a) Die Mutter sitzt im Strecksitz mit geschlossenen Beinen. Das Kind versucht, die Beine der Mutter auseinanderzuziehen. Die Mutter leistet Widerstand! (Erfolgserlebnisse ermöglichen!) Rollentausch!

b) Die Mutter sitzt mit leicht gegrätschten Beinen. Das Kind versucht die Beine der Mutter zu schließen, die Widerstand leistet. Rollentausch!

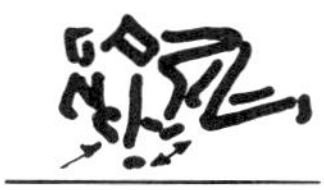

5. Türe auf – Türe zu

Die Mutter liegt in Seitenlage auf dem Boden. Das Kind faßt das obere Bein der Mutter und hebt es möglichst hoch an (= Türe auf). Dann steigt das Kind über das auf dem Boden liegenden Bein der Mutter (= Türschwelle), dreht sich um und »schließt die Türe«, indem es das hochgespreizte Bein der Mutter hinunterdrückt.

Rollentausch! Das Kind spielt »Türe«.

Türe auf – Türe zu –

6. Steif machen

Das Kind befindet sich in Rückenlage, es macht sich ganz steif. Wenn die Mutter die Füße des Kindes vom Boden abhebt, hebt sich der ganze Körper mit, und nur der Nacken des Kindes bleibt auf dem Boden liegen.

Gelingt nicht gleich! Geduld!

7. Steifes Kind

a) Das Kind steht ganz steif und läßt sich nach hinten (vorne, seitwärts) umfallen. Die Mutter fängt es ab und stellt es wieder auf (oder legt es vorsichtig hin).

Nicht zu weit anfallen lassen!

b) Die Mutter sitzt im Strecksitz, das Kind steht im Grätschstand über den Beinen der Mutter. Es streckt die Arme hoch und hält sich ganz steif. Die Mutter faßt die Oberarme des Kindes und legt sich langsam nieder, bis ihre Oberarme den Boden berühren. Das Kind bleibt dabei ganz steif. Die Mutter drückt nun das »steife Kind« in den Stand hoch und setzt sich dabei wieder auf. Mehrmals!

Ohne ausreichende Spannung gelingt es nicht!

8. Baumstamm rollen

Die Mutter liegt ganz steif in Rückenlage, Arme in Hochhalte. Das Kind rollt die Mutter durch den Saal. Rollentausch!

Ein bißchen mitdrehen!

»Faultiertragen« – lustig, aber anstrengend! Das Kind umfaßt dabei den Nacken der Mutter und klammert sich mit den Beinen an den Hüften der Mutter fest. Wenn sich der Nakkengriff zu lösen beginnt, muß die Mutter durch Beugen der Arme das Kind einfach ablegen.

9. Körperwelle

Das Kind befindet sich in Rückenlage. Es hat die Beine leicht angewinkelt und die Arme nach oben gestreckt. Die Mutter steht im Grätschstand hinter dem Kind und faßt es von oben an beiden Händen. Das Kind schiebt zuerst die Knie und dann das Becken vorhoch

Geduld! Öfter probieren!

und richtet den Körper über einen flüchtigen »Bogen« zum Stand auf (Kopf im Nacken, kreuzhohl). Die Mutter unterstützt diese »Körperwelle« zum Stand durch schräges Vorhochziehen an den Armen. Dann beugt das Kind die Hüfte und senkt den Körper wiederum in die Ausgangsstellung.

Mehrmals wiederholen! Auf die richtige Reihenfolge im Bewegungsablauf und die aktive Mithilfe des Kindes achten! Schwierig!

10. Aufbäumen

Das Kind befindet sich im Grätschliegestütz vorlings. Die Mutter faßt das Kind unter der Hüfte. Das Kind drückt seine Oberschenkel an die Hüften der Mutter.

a) In dieser Stellung drückt sich das Kind mit den Händen vom Boden ab und richtet sich kreuzhohl auf (= aufbäumen). Die Mutter unterstützt den Bewegungsablauf durch leichtes Oberkörperrückneigen und Aufwärtsdruck am Becken. Vorsicht! Langsam wieder absenken!
b) Nach dem »Aufbäumen« fixieren beide die Körperhaltung durch Anspannen. Die Mutter dreht sich mit dem Kind einmal um die eigene Achse.

Mehrmals auf und abbewegen!

←
»Steif machen«.

11. Hubschrauber

Beide stehen mit Blick zueinander. Das Kind hat die Beine gegrätscht. Die Mutter bückt sich, steckt ihren Kopf zwischen den Beinen des Kindes durch und faßt es an den Unterschenkeln. Das Kind legt sich zunächst mit dem Oberkörper auf den Rücken der Mutter. Diese richtet sich mit dem Kind auf. Dann hebt das Kind den Oberkörper in die Waagrechte. Die Mutter dreht sich mit dem Kind um die eigene Achse (= Hubschrauber). Richtungswechsel!

Zuerst langsam drehen, dann schneller!

12. Rücksenken und aufsetzen

Die Mutter hebt das Kind zum Grätschsitz auf ihren Hüften. Sie faßt das Kind dann unter den Oberschenkeln. Dieses senkt den Oberkörper so weit nach hinten, bis die Hände den Boden berühren. Aus dieser Stellung richtet sich das Kind mit (ohne) Unterstützung der Mutter wieder bis zum Hüftsitz auf und faßt die Mutter um den Nacken. Mehrmals wiederholen! Anstrengend!

Unterstützung auf die Kraft des Kindes abstimmen!

13. Schwieriger Liegestütz

Die Mutter befindet sich in Rückenlage. Sie hat die Knie angewinkelt und die Füße auf dem Boden aufgestellt. Das Kind stützt sich mit den Händen auf den Knien der Mutter ab, hält den Körper ganz steif und wird von der Mutter an den Fußfesseln in den »Liegestütz« hochgestemmt!

a) Die Mutter beugt und streckt die Arme. Das Kind bleibt ganz steif dabei!
b) Die Mutter bewegt das »steife Kind« in der Horizontalen hin und her (vor und rück!).

Nicht zu weit vorschieben!

a) b)

14. Segelflieger

Die Mutter liegt in Rückenlage und hebt die Beine etwas vom Boden ab.

a) Das Kind legt sich mit dem Oberkörper auf die Unterschenkel der Mutter, hebt die Beine vom Boden ab und streckt sie nach hinten. Die Mutter faßt das Kind an den Händen und balanciert es aus.
b) Wie a), aber ohne Handfassung.
c) Die Mutter stemmt die Fußsohlen gegen die Beckenknochen des Kindes (Fersen einwärts, Fußspitzen auswärts gedreht), faßt es an den Händen und zieht es langsam bis zum »Waageliegen« hoch. Das Kind spannt den ganzen Körper an und streckt dabei die Beine.
d) Die c), nur wird die Handfassung nach dem Erreichen des »Waageliegens« gelöst. Nur für geschickte Kinder (und Mütter)!

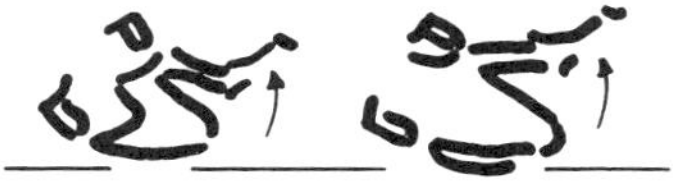

Gut anspannen!

Ganz langsam hochstrecken!

15. Schwebestehen

Die Mutter kniet auf einem Bein, das andere hat sie rechtwinkelig abgebeugt. (Der Fuß steht fest auf dem Boden, der Oberschenkel ist möglichst waagrecht.)

Das Kind klettert mit Hilfe der Mutter bis zum Stand auf dem Oberschenkel und versucht so zu stehen.

a) mit Handfassung einer Hand
b) ohne Anhalten, beidbeiniges Schwebestehen
c) ohne Anhalten, einbeiniges Schwebestehen

Standbein fixieren! Mit den Händen absichern!

Nach dem Schwebestehen springt es mit (ohne) Hilfe nach vorne ab. Ein Durchkriechen unter dem aufgestellten Bein bringt weitere Abwechslung.

16. Statuen bauen

Stand gegenüber mit doppelter Handfassung.

a) Das Kind steigt auf die leicht gebeugten Knie der Mutter. Diese streckt die Beine allmählich durch und legt sich dabei etwas zurück.
b) Das Kind springt beidbeinig in den Hockstand auf die gebeugten Knie der Mutter. Dann strecken beide langsam die Beine und legen sich dabei zurück.
c) Besonders Geschickte können mit einer Hand auslassen!

Langsam aufsteigen!

Die ganze Zeit Spannung halten!

Kleine Kunststücke zu zweit

Es handelt sich hier um Übungen, die bereits über den Rahmen der Grundtätigkeiten hinausgehen und überleiten zu den vielfältigen Formen des Boden- und Gerätturnens. Die unten angeführten Beispiele sind zwar noch etwas leichter auszuführen, da ja die Mutter dabei hilft, dennoch ist es eine erste Kontaktnahme, ein Sammeln von Bewegungserfahrungen auf diesem Gebiet.

Kunststücke zeigt jeder gerne, daher eignen sich die folgenden Übungen auch gut für Vorführungen.

1. Buckelrutsche

Das Kind steht mit gegrätschten Beinen, die Mutter befindet sich in Bankstellung dem Kind gegenüber. Sie steckt den Kopf zwischen den Beinen des Kindes durch, erfaßt dessen Beine und richtet sich langsam auf bis in den Fersensitz. Das Kind legt sich mit dem Bauch auf den Rücken der Mutter. Diese läßt es langsam über den Rücken zu Boden rutschen. Das Kind geht auf den Händen ein Stück vorwärts und steigt mit den Beinen ab. Die Mutter läßt dabei die Beine des Kindes nacheinander aus.

2. Abrollen vorwärts auf der Mutter

Die Mutter befindet sich in Rückenlage. Das Kind steht mit gegrätschten Beinen über der Mutter und stützt mit den Händen auf deren Oberschenkel ab. Die Mutter hebt die Beine des Kindes an. Dieses steckt den Kopf zwischen den Armen durch und rollt über die Oberschenkel der Mutter vor in den Sitz.

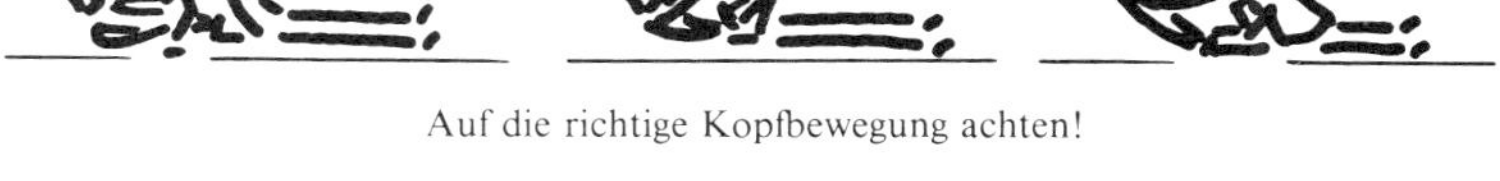

Auf die richtige Kopfbewegung achten!

3. Abrollen vorwärts übers Knie

Die Mutter befindet sich im Kniestand, ein Bein aufgestellt, Oberschenkel waagrecht. Das Kind beugt sich vor, legt sich über den Oberschenkel, greift mit den Händen auf dem Boden auf, steckt den Kopf zwischen den Händen durch und rollt mit Hilfe der Mutter in den Strecksitz (Hockstand).

Auf Beinspannung und Hüftspannung achten!

4. Buckelrolle

Die Mutter befindet sich im Kniestand, das Kind setzt sich auf ihren Rücken (Huckepack). Die Mutter faßt nun über den Kopf nach hinten die Oberarme des Kindes und beugt sich vor, bis sich das Kind mit den Händen am Fußboden abstemmen kann. Dann läßt sie es langsam über den Rücken nach vorne abrollen.

Sorgfältig abladen!

5. Schubkarren ausleeren (Rolle vorwärts mit Hilfe)

Das Kind befindet sich im Grätschliegestütz (Arme gestreckt), die Mutter steht zwischen den gegrätschten Beinen des Kindes. Sie umfaßt die Oberschenkel des Kindes knapp über dem Knie und hebt die Beine an. Während das Kind den Kopf an die Brust nimmt, zwischen den Armen durchsteckt und den Nacken am Boden aufsetzt, läßt sie die gestreckten Beine des Kindes langsam bis zu den Fußfesseln durch ihre Hände gleiten. (Hüftspannung und Beinstreckung können so überprüft werden.) Während das Kind die Beine anhockt, unterstützt die Mutter es wenn nötig beim Aufstehen durch leichten Druck im Rücken.

Mehrmals wiederholen!

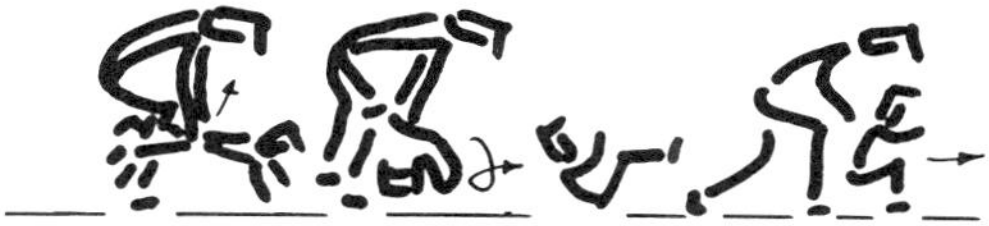

6. Rolle rückwärts auf der Mutter

Die Mutter befindet sich im Strecksitz, das Kind sitzt im Grätschsitz auf deren Oberschenkeln mit Blick zur Mutter. Während das Kind nach hinten abrollt, unterstützt es die Mutter, indem sie das Kind am Becken ein wenig anhebt. Auch das geringfügige Öffnen der Beine ist günstig, weil dadurch der Kopf des Kindes mehr Platz findet.

Kinn an die Brust!

7. Kopfstand

Die Mutter befindet sich im Strecksitz. Das Kind steht im Grätschstand über den Beinen der Mutter mit Blick zu ihr. Es legt nun den Kopf auf die Oberschenkel der Mutter und stützt mit den Händen rechts und links am Boden ab. Dann hebt es sich langsam in den »Hockkopfstand« hoch, um anschließend die Beine zu strecken. Die Mutter unterstützt es dabei am Becken. Vorsicht! Auf die Füße aufpassen!

Zuerst gehockt – dann gestreckt!

8. Winkelhandstand

Die Mutter befindet sich im Kniestand. Das Kind steht der Mutter gegenüber. Es stützt sich mit den Händen rechts und links auf den Schultern der Mutter ab. Die Mutter faßt das Kind mit den Händen knapp unterhalb der Knie und stemmt es langsam in den Handstand mit gewinkeltem Körper hoch. Das Kind spannt dabei Arme und Rumpfmuskulatur fest an!

Auch aufstehen ist möglich!

9. Handstand aus der Rückenlage

Das Kind befindet sich in Rückenlage. Es stützt die Hände rechts und links neben dem Kopf auf (Daumen bei den Ohren, Ellbogen nach innen gehalten). Die Mutter steht am Fußende des Kindes, erfaßt die Fußfesseln und zieht das Kind an den Beinen bis in den Handstand hoch. Das Kind marschiert dann mit den Händen zwischen den leicht gegrätschten Beinen der Mutter nach vorne und wird mit den Füßen wieder auf dem Boden abgesetzt.

Das Kind soll selbst kräftig mithelfen!

10. Überdrehen rückwärts und vorwärts

a) Das Kind steht der Mutter gegenüber. Die Mutter faßt von oben beide Hände des Kindes. Dieses steigt mit den Füßen über die Knie und Oberschenkel der Mutter hoch, bis es in den Hangstand

Mehrmals wiederholen!

rücklings (Hang rücklings) überdrehen kann (= überdrehen rückwärts). Aus dieser Stellung dreht es dann wieder nach vorne zurück in die Ausgangsstellung (= überdrehen vorwärts). Wenn das Kind noch nicht kräftig genug ist, wird einfach die Handfassung gelöst.

Sehr schwierig!

b) Das Kind steht mit dem Rücken zur Mutter. Die Mutter faßt von oben beide Hände des Kindes und hebt das Kind ein kleines Stück hoch. Das Kind dreht frei in den Hangstand rücklings und wieder zurück. Nur für kräftige Kinder möglich! Weniger kräftige können auch mit den Füßen an der Wand (Sprossenwand) hochlaufen. Beim Überdrehen vorwärts kann mit dem Knie am Gesäß nachgeschoben werden!

11. »Salto rückwärts« aus dem Schultersitz

In den Schultersitz kann das Kind auf verschiedene Weise gelangen.

a) Durch »Hochlaufen« an der Mutter wie beim Überdrehen rückwärts, nur wird höher hinaufgelaufen.

b) Durch Hochspringen, Arme beugen, Beine heben und grätschen (schwierig, aber reizvoll!).

Das Kind sitzt nun mit dem Gesicht zur Mutter auf deren Schultern, beide Hände sind gefaßt. Aus dieser Stellung kippt die Mutter das Kind nach hinten unten und stellt es sachte wieder auf den Boden (= Salto rückwärts).

12. »Salto vorwärts«

Das Kind steht im Grätschstand mit dem Rücken zur Mutter. Es beugt sich etwas vor, und greift mit den Händen zwischen den Beinen nach hinten. Die Mutter beugt sich hinunter, faßt beide Hände des Kindes und läßt es auf seine Unterarme setzen. Während sie die Unterarme anhebt, zieht sie an den Händen an, und das Kind dreht nach vorne bis in den Streckhang!

Vorsicht! Unbedingt zuerst die Unterarme anheben und dann erst ziehen, sonst wird die Übung gefährlich (Kopf!). Die Übung ist mit größeren Kindern schon recht schwierig!

II. Kleine Bewegungsspiele

Die folgenden 25 kleinen Bewegungsspiele sind nur eine exemplarische Auswahl. In dem Buch »300 Bewegungsspiele« von Mitterbauer/Schmidt, 1985 im selben Verlag erschienen, findet man eine Fülle von weiteren Möglichkeiten.

Auswahlkriterien für das Mutter-Kind-Turnen waren erstens die spezielle Eignung für die Altersstufe (einfaches, leicht verständliches Regelwerk) und zweitens die Tatsache, daß man überhaupt kein Material braucht, um sie durchführen zu können. 40 weitere Bewegungsspiele mit Materialbedarf finden sich bei den späteren Kapiteln jeweils integriert in die Übungsformen mit Handgeräten und an Großgeräten. Dies sowohl im Sinne einer ökonomischen als auch einer ganzheitlichen Auffassung der Bewegungsstunden (siehe Einleitung).

Zwei Spielkategorien lassen sich bei den folgenden Beispielen unterscheiden: belebende Spiele und beruhigende Spiele.

Belebende Spiele

Sie gehören an den Beginn der Stunde und haben verschiedene Funktionen zu erfüllen. Sie sollen:

- den ersten Bewegungshunger stillen (»Dampf ablassen«, Ventilfunktion);
- körperlich, seelisch und geistig aufwärmen (bereit machen, einstimmen);
- Freude schenken, motivieren (lustig, spannend, abwechslungsreich sein);
- helfen, Gemeinschaft zu bilden (kein Gegeneinander, sondern ein freudvolles, angenehmes Miteinander bewirken).

Aus diesen Forderungen ergeben sich weitere Konsequenzen:

- Alle sollen sich gleichzeitig und ausgiebig bewegen können.
- Ein »Ausscheiden« aus dem Spielgeschehen ist nicht sinnvoll.
- Der gesamte zur Verfügung stehende Raum soll genützt werden.
- Handlungsfreiheit durch einfaches Regelwerk soll eine Atmosphäre zum Finden von Abarten und zu schöpferischer Um- und Neugestaltung schaffen.

- Die Belebung soll einen möglichst nahtlosen Übergang zum nächsten Stundenabschnitt ermöglichen (z. B. gleiche Betriebsformen, gleiches Gerät ...).

1. Gegenstände berühren (Materialkontakt)

Ein lustiges Spiel zum Kennenlernen der Halle, der Geräte und der Mitspieler. Alle laufen frei in der Halle herum (paarweise oder einzeln).

Ein vom Spielleiter laut aufgerufener Gegenstand soll möglichst rasch gefunden und berührt werden. Nicht erlaubt ist das Anfassen von Farben und Materialien am eigenen Körper und das Berühren eigener Körperteile.

Der Spielleiter ruft z. B.:

- Holz (= Leiter, Sprungkasten ...)
- Sprosse (= Sprossenwand, Gitterleiter ...)
- rot (= Spielfeldmarkierung, Turnhose ...)
- Ferse (bei Mutter, Mitspieler ...)

Beispiel: »Nase«

Spaß macht das Anfassen von Körperteilen wie Haare, Ohren, Nase ...! Nach erfolgter Berührung wird auf Zeichen des Spielleiters wieder weitergelaufen.

2. Kaltgestellt

Aus dem freien Durcheinanderlaufen (jeder läuft für sich allein) ruft der Spielleiter: »einhängen«! Daraufhin hängen sich je zwei mit dem Ellbogen ein und hocken sich hin. Bei einer ungeraden Spieleranzahl bleibt ein Spieler übrig, der keinen Partner findet – er ist »kaltgestellt«. Bei gerader Spieleranzahl muß der Spielleiter einspringen und

Zuerst einhängen, dann hinsetzen!

einfach mitspielen. Der Übriggebliebene scheidet jedoch nicht aus, sondern spielt wieder mit. Wer wird am seltensten (oder am häufigsten) kaltgestellt?

Verschiedene Formen des Bewegens bringen Abwechslung ins Spiel: rückwärtslaufen, einbeinig hüpfen, auf allen vieren laufen usw.

3. Leute zu Leute

Der Spielgedanke ist ähnlich wie bei »kaltgestellt«. Der übriggebliebene Spieler begibt sich jedoch auf einen für alle gut sichtbaren Platz (Kastenkopf, Turnbank ...) und hat die Aufgabe, die jeweiligen Partner in einen netten »Kontakt« zu bringen. Er gibt selbst erfundene, aber durchführbare Kontaktvarianten an, die die Paare wechselweise ausführen müssen.

Zum Beispiel Hand auf Fuß; Kopf an Ferse; rechter Zeigefinger auf linkes Ohr ...

Wenn ihm nichts mehr einfällt, ruft er: »Leute zu Leute«, und er selbst und alle übrigen müssen sich rasch einen neuen Partner suchen. Wer übrig bleibt, wird zum neuen Ansager!

Beispiel: Ferse auf Schulter!

Das Spiel lebt von den guten Einfällen! Für viele ist es ungewohnt, plötzlich anschaffen zu müssen. Unsicheren Kindern darf auch eingesagt werden! Ein sehr gutes Spiel zur Förderung von Sozialkontakten.

4. Schwarz – Weiß

Zwei Mannschaften, die »Weißen« und die »Schwarzen«, befinden sich entlang einer Mittellinie einander gegenüber. Die Ausgangslage wird vom Spielleiter jeweils angegeben: z. B. Stand, Strecksitz, Rükkenlage ...

Mehrmals »proben«, bis alle wissen, worauf es ankommt!

Auf ein vereinbartes Zeichen, z. B. Aufwurf einer Tafel (eine Seite schwarz, eine Seite weiß), Zuruf – schwarz oder weiß oder einflechten der Worte in eine Geschichte, muß die bezeichnete Mannschaft rasch hinter eine Linie fliehen. Gelingt den Gegenspielern ein Abschlag vor der Linie, dann werden die Abgeschlagenen zu Gefangenen und spielen mit ihrer »neuen« Farbe weiter. Welche Partei hat am Schluß mehr Spieler? Die Abschlagdistanz soll nur wenige Schritte betragen, sonst besteht die Gefahr des Hineinlaufens in die Wand!

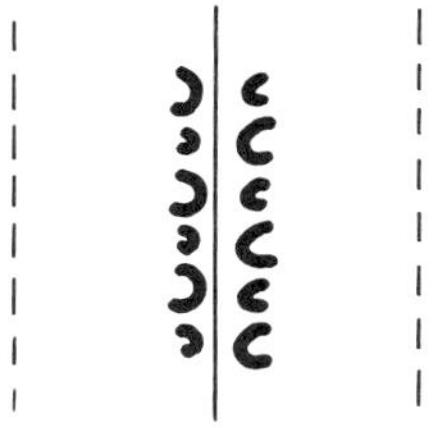

5. Papier – Stein – Schere

Der Spielcharakter ist ähnlich dem Spiel: Schwarz – Weiß. Das Besondere daran ist, daß die Fang- bzw. Fluchtnotwendigkeit durch Handzeichen bzw. Gesten erfolgt. 3 Möglichkeiten stehen zur Auswahl:

Papier = flache Handfläche; Stein = geballte Faust; Schere = Zeige- und Mittelfinger gespreizt.

Jedes Zeichen kann über ein anderes siegen. Die Schere schneidet das Papier! Das Papier wickelt den Stein ein! Die Schere wird am Stein stumpf!

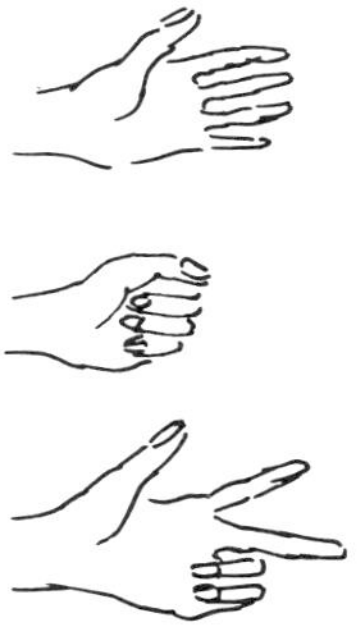

= Papier

= Stein

= Schere

Es ist günstig, das Spiel zur Eingewöhnung zuerst paarweise im Sitz gegenüber üben zu lassen. Zunächst spielt dabei die Mutter mit dem Kind. Erst wenn die Bedeutung des Handzeichens klar erfaßt wurde, kann das Spiel als Fangspiel gespielt werden. Das »siegreiche« Handzeichen gewinnt nun das Schlagrecht, der Verlierer muß flüchten und versuchen, ungeschlagen die Linie zu überschreiten. Wenn die Kinder das Spiel gut verstanden haben, können (sollen) Kinder mit Kindern und Mütter mit Müttern spielen! Das Spiel läßt sich mit anderen Zeichen sehr reizvoll variieren: Zum Beispiel:

Jäger – Löwe – Gewehr

Der Jäger salutiert, er ist der Herr über das Gewehr. Das Gewehr (vorgestreckter Arm) erschießt den Löwen. Der Löwe (aufgerissenes Maul, brüllen) frißt den Jäger.

Jäger Löwe Gewehr

Fuchs – Gans – Brennessel

Der Fuchs (Hände über dem Kopf imitieren dessen Ohren) frißt die Gans. Die Gans (Hände vor dem Körper imitieren den Gänseschnabel) frißt die Brennessel. Die Brennessel (sich am ganzen Körper schütteln) brennt den Fuchs.

Fuchs Gans Brennessel

→

»Schwebestehen«. In dieser schwierigen Form ist es erst sinnvoll, wenn alle leichteren Abarten des Schwebestehens gut beherrscht werden.

6. Zwei Hunde und ein Knochen

Höchstens 3 Paare stehen einander hinter parallel gezogenen Linien in einiger Entfernung gegenüber. Die Einzelspieler jeder Mannschaft bekommen eine Nummer. In der Mitte zwischen den Parteien liegt ein »Knochen« (Turnschuh, Schleife, Keule ...). Auf das Rufen einer Nummer laufen die entsprechenden Spieler aus und versuchen den »Knochen« in die eigene Gruppe zu holen, ohne vom anderen abgeschlagen zu werden.

Für einen Erfolg ist nicht so sehr das rasche Starten und Erfassen des »Knochens« wichtig. Entscheidend sind verschiedene Täuschungsmanöver beim »Knochen«. Unberechtigte Abschläge (= wenn der »Knochen« nicht gefaßt wurde) können als Fehlpunkte gewertet werden.

Geduld, bis alle es kapiert haben!

←
»Turnbank« überspringen

7. Foppen und Fangen

Zwei Gruppen zu je 2–3 Paaren stehen einander in einiger Entfernung gegenüber. Alle halten die Hände nach vorne mit den Handflächen nach oben. Ein beliebiger Spieler der einen Gruppe nähert sich der anderen. Nach verschiedenen Täuschungsmanövern schlägt er auf die Handfläche eines der Gegenspieler. Nach dem Schlag versucht er blitzschnell, in seine Gruppe zurückzulaufen, ohne von seinem Verfolger (= geschlagener Spieler) abgeschlagen zu werden. Dann versucht ein Spieler der anderen Reihe sein Glück. Ein geglücktes Zurücklaufen und ein gelungener Abschlag zählen je einen Punkt. Welche Gruppe erreicht mehr Punkte?

Seitliche Abstände innerhalb der Gruppe sind wichtig, damit man durchlaufen kann! Es können auch mehrere Schläge vereinbart werden. Dabei bedeutet der letzte Schlag das Laufsignal!

Rasch und richtig reagieren!

8. Chef und Schatten

Das Spiel wird paarweise gespielt. Einer ist der Chef (der Vordere), er bewegt sich frei, während der andere als sein Schatten alles nachmachen muß und immer knapp hinter dem Chef bleiben soll. Auf Kommando erfolgt Rollentausch.

Variationsreiches Laufen ist wichtig! Einfälle!

9. Der Lästige

Es wird paarweise gespielt. Ein Spieler bewegt sich frei, der andere ist »lästig«, das heißt, daß er immer versucht, an der gleichen Körperseite des anderen mittels Körperkontakt zu bleiben. Der Spieler versucht den »Lästigen« abzuschütteln. Auf Zeichen Rollentausch!

a) im Gehen
b) im Laufen bzw. mit Tempowechsel

Richtig lästig sein!

Ständiges Umdrehen ist unfair! Desgleichen ein Niederlegen auf die entsprechende Körperseite!

10. Figurenfangen

Es spielen immer zwei miteinander. Einer der beiden flüchtet, der andere verfolgt ihn. Ein Abschlagen ist jedoch nur während eines richtigen Laufes gestattet. Der Verfolgte kann sich retten, indem er eine »Figur« macht, die ihm der Verfolger sofort nachmachen muß. In einer für ihn günstigen Situation läuft er wieder blitzartig weg. Gelingt ein Abschlag während des Laufens, dann erfolgt Rollentausch!

Für Ungeschickte sollte nach einiger Zeit ein Rollenwechsel angesagt werden. Vorsicht auf Zusammenstöße! Man spielt nicht nur mit seinem Partner, sondern muß auch die übrigen Spieler im Auge behalten, die ja ständig eine unvorhergesehene Bewegung machen können. Das Spiel ist sehr lustig und fördert besonders Phantasie und Reaktionsschnelligkeit.

Bei welchen »Figuren« kann der Verfolger schlecht starten?

11. Abschlagfangen

Freie Aufstellung, eine bestimmte Anzahl von Fängern. (Richtzahl für 6–8 Spieler, 1 Fänger). Fängerkennzeichnung durch Mannschaftsschleifen (Leibchen ausziehen, Mützen ...).

a) Jeder versucht, innerhalb einer vorher festgelegten Zeit (z. B. 30 Sekunden) möglichst viele abzuschlagen. Die Abgeschlagenen bleiben dabei im Spiel.
b) Wer hat zuerst 10 (20, 30) Abschläge?
c) Alle Fänger gemeinsam versuchen möglichst viele abzuschlagen.
d) Beim Abschlag erfolgt Rollentausch mit Übergabe von Erkennungsmerkmalen (Schleife, Mütze, Softball ...).

Aufpassen auf die »Kleinen«!

12. Rüsselfangen

Der Fänger hat einen Rüssel, das heißt, daß er einen Arm nach vorne streckt (= Rüssel) und mit der anderen Hand um den gestreckten Arm herumgreift, bis an die Nasenwurzel.

a) Er darf nur mit dem »Rüssel« abschlagen, und der Abgeschlagene wird zum neuen »Rüsselfänger«.
b) Jeder bleibt Rüsselfänger, daher werden es immer mehr.
   Wer wird als letzter abgeschlagen?

Wenn die Nasenfassung beim Schlag gelöst wird, ist der Schlag ungültig. Nase nicht zuhalten!

Pro 6–8 Läufer 1 »Rüssel«!

13. Verzaubern

Einige besonders gekennzeichnete Mitspieler (Schleifen, Mützen, Stirnbänder ...) sind Zauberer, die die Gewalt haben, jeden, den sie berühren, zu versteinern. Die Versteinerten müssen sofort stehenbleiben und die Beine grätschen. Die freien Mitspieler können die »Versteinerten« erlösen, wenn sie unter deren gegrätschten Beinen durchkriechen. Bei versteinerten Kindern genügt es, wenn die Mütter den Kopf zwischen den gegrätschten Beinen der Kinder durchstecken. Kinder müssen immer durchschlüpfen!

a) Versteinern auf Zeit.
   Wer versteinert die meisten Personen in 30 Sekunden?
b) Welche Gruppe schafft es, alle zu versteinern?

Anzahl der »Zauberer« auf die Mitspielerzahl abstimmen! Taktisches Konzept – zusammenspielen!

Wichtig ist die gute Kennzeichnung der »Zauberer«!

14. Kettenfangen

Ein (oder mehrere) Fänger beginnen zu fangen. Die abgeschlagenen Spieler bilden mit dem Fänger eine Kette. Abschlagen dürfen nur die beiden Außenspieler. Wenn die Kette reißt, ist ein Abschlag ungültig. Welche Kette ist die längste? Abarten:

a) Wenn die Kette 4 Spieler erreicht, teilt sie sich in zwei Paare, die wieder weiterfangen. Wer bleibt übrig?

Gemeinsam einem nachlaufen!

b) Ein »Durchbrechen« oder »Unterlaufen« der Kette ist gestattet.
c) Die Kette wird nicht durch Handfassung nebeneinander, sondern durch Hüftfassung (Flechtgriff) hintereinander gebildet. Nur der

Nicht gegenseitig auf die Fersen treten!

Vorderste, der »Schlangenkopf«, darf abschlagen. Welche Schlange wird am längsten?
Diese Form ist günstig bei vielen Spielern und wenig Platz! Es gibt kein Ausscheiden! Gerade die schwachen Läufer bedürfen der besonderen Förderung!

15. Wassermann

Eine Mutter und ein Kind stehen an einer Hallenwand, sie sind die »Wassermänner«. Alle übrigen stehen an der Gegenseite und rufen gemeinsam: »Wassermann, dürfen wir hinüberkommen?« Die Wassermänner denken sich eine Übung aus und rufen: «Ja, aber ihr müßt rudern!« (schwimmen, kriechen, hüpfen ...). Dann »rudern« alle hinüber. Wer eine neue Übung weiß, darf Wassermann sein!

Gute Einfälle sind wichtig!

Beruhigende Spiele

Sie gehören an den Abschluß der Stunde und haben ebenfalls spezielle Funktionen. Sie sollen:

- beruhigen und daher bewegungsarm aber dennoch interessant sein;
- eine Schulung wenig benützter Sinnesorgane ermöglichen (Tastsinn, Gehörsinn, Raumorientierung ...);
- zu Ehrlichkeit, Konzentration und Willensstärke erziehen. (Zum Beispiel Augen auch ohne Augenbinde geschlossen halten, nicht schwindeln, ganz genau hinhören ...).

Der Spielleiter muß gerade bei dieser Spielkategorie auf Altersstufe und Reifungsgrad besonders eingehen. Er muß gut vorbereitet sein und wissen, was er erreichen will. Er muß bereit sein, mitzuspielen oder sich zurückzuziehen und unmerklich das Spiel zu leiten, so wie es die Situation erfordert.

Für beruhigende Spiele muß man sich Zeit nehmen, sie wirklich ausspielen lassen. Gerade in unserer hektischen Zeit brauchen wir diese Ruhe und Konzentration ganz besonders.

1. Ohrzupfen

4 bis 6 Personen sitzen hintereinander. Der Vorderste schließt die Augen (= schaut ein). 2 oder 3 aus der Reihe gehen leise nach vorne, zupfen die »einschauende« Person am Ohrläppchen und setzen sich dann wieder auf ihren Platz. Auf Zeichen soll die »gezupfte« Person aufstehen, die Reihe entlanggehen und den »Schuldigen« finden. Sie nimmt den von ihr für schuldig Gehaltenen beim Ohrläppchen, führt ihn nach vorne und läßt ihn hinsetzen. Wurde die richtige Person erwischt, dann bleibt diese vorne sitzen und »schaut ein«. Wurde falsch geraten, dann steht der Unschuldige auf, holt sich die Person, die falsch geraten hat, wieder am Ohrläppchen nach vorne, und das Spiel beginnt von neuem!

Wer dreimal falsch rät wird ausgewechselt!

2. Kreisanschleichen

Alle sitzen im Kreis, einer sitzt in der Kreismitte mit geschlossenen Augen. Einer aus dem Kreis beginnt nun, sich leise zu dem in der Mitte Sitzenden anzuschleichen. Wenn der Mittlere glaubt, die Richtung des Anschleichers erkannt zu haben, hebt er den Arm über den Kopf und zeigt dann gezielt in die vermutete Richtung. (Ein seitliches Hin- und Herbewegen des Armes ist nicht erlaubt!)

Zeigt der Arm auf den Anschleicher, dann muß dieser wieder auf seinen Platz zurück. Wer schafft es, den Mittleren zu berühren? Bei »lautlosen« Hallenböden muß ein in den Kreis Hineinhüpfen verlangt werden, sonst hat der in der Mitte Sitzende keine Chance!

Voll konzentrieren!

3. Wer war's?

Alle sitzen im Kreis, einer sitzt mit geschlossenen Augen und mit gesenktem Kopf in der Kreismitte. Ein Softball (leichter Ball) wird von einem Spieler zum anderen weitergereicht (geworfen, gerollt), so daß der Mittlere nicht weiß, wo sich der Ball gerade befindet. Auf Zeichen wird der Ball auf den Mittleren geworfen. Wenn dieser vom Ball getroffen wird, darf er sich rasch aufrichten, die Augen öffnen und soll feststellen, wer auf ihn geworfen hat. Zeigt er auf den Richtigen, dann wechselt der Werfer in die Mitte. Rät er daneben, dann geht das Spiel weiter, und er muß abermals »einschauen«!

Nach der Ballberührung blitzschnell schauen!

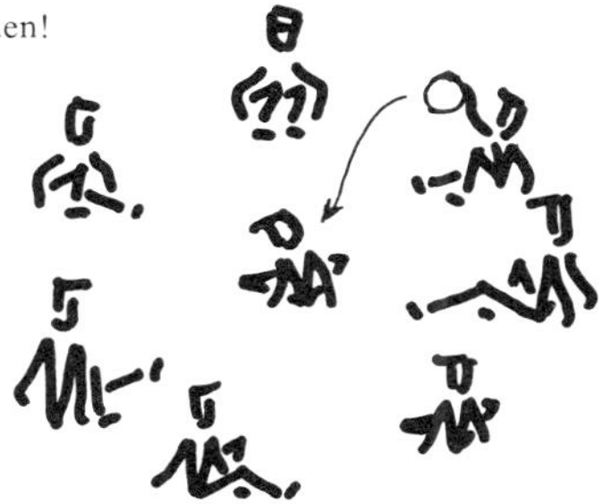

4. Schuhsuchen

Zwei Spieler schließen die Augen und suchen auf allen vieren kriechend einen Sportschuh, der im Kreis liegt. Der Kreis wird durch sitzende Mitspieler gebildet. Hat einer der beiden den Schuh gefunden, dann darf er die Augen öffnen und den anderen solange damit aufs Gesäß schlagen, bis dieser den Kreis verlassen hat. Der Getroffene darf nach dem ersten Schlag ebenfalls die Augen öffnen, um gezielt flüchten zu können.

Geduld mit dem Augenzulassen! Es ist nicht so leicht! Auch die Zuschauer haben viel Spaß dabei!

Der Kreis muß groß genug sein!

5. Hund und Katze

In einem Kreis, der durch sitzende Mitspieler gebildet wird, bewegen sich zwei Spieler mit geschlossenen Augen auf allen vieren. Einer ist der Hund, der andere ist die Katze! Der Hund muß versuchen, die Katze zu erwischen, die Katze versucht, dies zu verhindern. Immer wenn der Hund bellt, muß die Katze miauen! Das Spiel endet, wenn der Hund die Katze gepackt hat.

Es ist schwierig, trotz der Verlockung zu blinzeln, die Augen geschlossen zu halten. Dennoch sollte man es versuchen. Man kann damit zu Ehrlichkeit und Selbstüberwindung erziehen! (Den Kreis groß genug halten!)

Nur dann miauen, wenn der Hund gebellt hat!

6. Platz tauschen

In einem Kreis, der durch sitzende Mitspieler gebildet wird, befindet sich ein Spieler, aufrecht, mit geschlossenen Augen (= Blinder).

a) Der Spielleiter zeigt auf zwei Mitspieler im Kreis, die möglichst lautlos und ohne vom »Blinden« berührt zu werden, den Platz tauschen sollen. Gelingt der Platztausch, dann applaudiert der »Kreis«.

Den Kreis nicht zu groß wählen!

b) Die sitzenden Spieler tragen Namen (oder Nummern). Die vom »Blinden« aufgerufenen Namen (oder Nummern) versuchen ihre Plätze zu tauschen.

Der »Blinde« soll entweder einen leeren Platz oder einen Spieler erwischen! Die Nichtbeteiligten müssen Ruhe halten! Nach Verlassen des Platzes gibt es kein Zurück mehr!

7. Künstler, Tonerde, Modell

Wir spielen in Gruppen zu dritt. Der »blinde Künstler« (Augen geschlossen) versucht aus »Tonerde« (= anderer Mitspieler, ebenfalls mit geschlossenen Augen) ein Duplikat des sehenden Modells nachzubilden. Künstler und Tonerde schließen die Augen. Das Modell stellt sich in einer interessanten »Pose« hin. Mütter dürfen als Modell nicht stehen, nur sitzen, knien oder liegen! Da der Künstler nichts sieht, kann er die Pose des Modells nur durch Tasten erfühlen und weitergeben. Wer schafft das genaue Abbild?

Rollenwechsel nach jedem Durchgang. Das Spiel kann auch zu fünft – Doppelmodell (Figurengruppe) und Doppeltonerde gespielt werden.

Willensstark sein – nicht einmal blinzeln!

8. Der Hundefänger

Die Mütter stehen im Innenstirnkreis mit gegrätschten Beinen (= Hundehütte). Die Kinder (Hunde) befinden sich auf allen vieren, jeder Hund ist bei seiner Hütte. Wenn ein Hund seinen Kopf aus der Hütte in die Kreismitte hineinsteckt, darf er bellen und versuchen, den »Hundefänger« zu berühren. Der Hundefänger befindet sich innerhalb des Kreises. Er muß versuchen, einen bellenden Hund abzuschlagen. Wenn es ihm gelingt, ist Rollentausch. Ziehen sich die

Kräftig bellen! Blitzschnell zurückziehen!

Hunde in die Hütte zurück, dann dürfen sie weder bellen noch gefangen werden.

Manchmal sind auch lärmende Spiele sinnvoll! Besonders mutige Hunde laufen ganz aus der Hütte in den Kreis hinein!

9. Tierfamilie

Alle stehen im Kreis mit geschlossenen Augen. Der Spielleiter geht von einem zum anderen und flüstert ihm einen Tiernamen ins Ohr. Wenn alle wissen zu welcher Tierfamilie sie gehören, sagt der Spielleiter: los, und jeder versucht mit geschlossenen Augen, indem er das Geräusch seines Tieres nachahmt, zu seiner Familie zu finden. Wenn Tiere der gleichen Familie einander gefunden haben, gehen sie mit Handfassung weiter auf Suche. Wenn keine Familienmitglieder mehr gefunden werden können, setzt sich die Tierfamilie hin und darf nun die Augen öffnen. Der Spielleiter stellt dann durch Befragen fest, ob alle zueinander gefunden haben.

Besonders geeignete Tiere sind: Hund, Katze, Ente, Ziege, Pferd, Rind, Schlange ...

10. Telefonieren

Zwei Gruppen (3–4 Paare) sitzen (stehen) einander gegenüber. Innerhalb der Gruppe sitzen (stehen) alle nebeneinander mit gefaßten Händen. Der Spielleiter (Sender) faßt den Ersten jeder Gruppe an der Hand. Er drückt den Ersten gleichzeitig die Hände, und die Gruppe gibt den Händedruck weiter. Wenn die Botschaft beim Letzten angekommen ist, hebt dieser die Hand. Welche Gruppe hat die kürzere

Leitung? Auch ein Hin- und Hertelefonieren mit »Umschaltung« beim Letzten ist reizvoll.

Besonders lustig ist es, wenn das Signal durch Ziehen an den Ohrläppchen der Mitspieler weitergegeben wird.

Geduld! Manchmal gibt es »Leitungsstörungen!«

*

III. Spielen und Üben mit Handgeräten

Der Begriff *»Handgerät«* wird von mir hier sehr großzügig verwendet. Nicht nur die *»klassischen Handgeräte«* des Schulturnens und der Rhythmischen Sportgymnastik sind gemeint, sondern alle Kleingeräte, mit denen man sinnvoll, anregend, vielseitig und gerätspezifisch spielen und üben kann.

Die Geräte sollen Aufforderungscharakter besitzen, die Phantasie beflügeln und den Bewegungstrieb verstärken.

Viele und ganz unterschiedliche Kriterien sind es, die bei der Bewertung der Geräteeignung eine Rolle spielen (Tollich–Sulke 72, Diem 80).

PÄDAGOGISCHE KRITERIEN

Vielseitigkeit = Einsatzmöglichkeiten in verschiedenen Lernzielbereichen (Koordination, Reaktion, Ausdauer ...)

Kreativität = Aufforderungscharakter, Anlaß zu Einfällen und Ideen (Variation, Veränderung)

Sozialbezug = Notwendigkeit oder Möglichkeit zum miteinander Spielen (Kooperation, Kontakt)

TECHNISCHE KRITERIEN

Stabilität = Materialbeschaffenheit, Funktionstüchtigkeit, Dauerhaftigkeit

Pflegeleichtigkeit = Reperaturanfälligkeit, Reperaturmöglichkeit, Ersatzmöglichkeit

Handhabung = kindergerecht, kindgemäß (Gewicht, Größe, Farbe ...)

Aufbewahrung = Anzahl, Platzbedarf, Transport

FINANZIELLE KRITERIEN

Anschaffungskosten, Wartungskosten, Ersatzkosten

Besonders anschaulich, ja geradezu poetisch, schildert Annemarie Seybold (1978, S. 14) die Möglichkeiten, die in einem Ball stecken:

»Der Ball fordert das Kind zum Beobachten und zum Versuchen auf: wie rollt, wie fliegt, wie springt mein Ball? Wie muß ich ihn werfen, prellen, rollen, damit er sein Ziel erreicht? Sein vollkommenes Rund hilft die Bewegung runden, ihre Unebenheiten glätten; seine springende Lebendigkeit fordert die Geschicklichkeit heraus. Aufgaben ergeben sich aus der Anpassung an den fliegenden, rollenden und springenden Ball im Laufen und Hüpfen ...«; weiter heißt es: »Der Ball gibt dem Übenden ein Ziel und macht es abwechslungsreich. Er gibt dem Übenden ein Bild, eine klare Vorstellung und reizt, weil er eine Partnerschaft darstellt, zu immer neuen Versuchen. Er bindet die Aufmerksamkeit, löst Hemmungen, regt die Bewegungsphantasie an und führt zum Zusammenspiel.«

Was wir anstreben, ist nicht die kunstvolle Bewegung des Balles, sondern die richtige Bewegung des Kindes mit Hilfe des Balles. Der Ball ist (wie alle übrigen Handgeräte) nur ein Hilfsmittel, jedoch ein Hilfsmittel mit eigener Gesetzmäßigkeit. Diese Eigengesetzlichkeit ist es aber auch, die den speziellen Anreiz, die Faszination jedes Gerätes ausmacht. Sie zu ergründen, zu erproben und zu beherrschen ist eine reizvolle, interessante, manchmal nie endende Aufgabe!

Nahezu alle Handgeräte lassen sich, wenn auch auf durchaus unterschiedliche Art und Weise: tragen, hinlegen, umlaufen, übersteigen, überspringen ... Die meisten lassen sich auch werfen und fangen.

Dennoch hat jedes Gerät seine Besonderheiten, seine Eigenheiten, die es von den anderen grundsätzlich unterscheidet. Für den Ball sind es vor allem das Prellen und Rollen, für den Reifen das Schwingen und Rollen, für das Seil das Schwingen und Springen, für den Turnstab das Stützen und Balancieren, für den Karton das Rutschen, für die Kartonrolle das Durchschauen und Überstreifen, für die Zauberschnur das Dehnen, für das Leintuch das Zudecken, Verstecken, Einwickeln ...! Der gezielte Einsatz der speziellen Möglichkeiten macht die Übungsstunden erst richtig reizvoll und abwechslungsreich.

Man soll sowohl die Kinder als auch die Eltern immer wieder dazu ermuntern, eigene Ideen und Bewegungsformen zu entwickeln und auszuprobieren. Besonders originelle Einfälle werden dann allen gezeigt und entsprechend gelobt. Nur so kann sich eine »kreative Atmosphäre« entwickeln.

Der gute Übungsleiter muß zunächst feststellen, was an Material bereits vorhanden ist, und dann versuchen, in gemeinsamer Anstrengung mit den Eltern weitere Geräte anzuschaffen bzw. selbst herzustellen oder ganz neue zu entwickeln!

In den nachfolgenden Übungsspielen finden sich einige »Handgeräte«, die in der bisherigen Fachliteratur noch gar nicht oder kaum aufscheinen (Kartons, Teppichfliesen, Leintücher, Kartonrollen, Reissäckchen ...).

Es gibt aber auch noch eine Menge anderer Geräte, für die hier keine Beispiele angeführt wurden, die aber ebenso reizvolle Verwendungsmöglichkeiten bieten, z. B.: Spielerbänder, Luftballons, Dosen, Büchsen, Röllchen, Tannenzapfen, Fahrradschläuche, Autoreifen, Ziehtau …

Bei nahezu allen Handgeräten findet man im vorliegenden Buch auch Beispiele für »kleine Bewegungsspiele«, bei denen das Gerät in das Spiel integriert ist. Sowohl unterrichtsökonomische als auch ganzheitliche Erwägungen waren hiefür maßgebend.

Auf spezielle Sicherheitsmaßnahmen, die bei der Verwendung mancher Handgeräte ergriffen werden müssen, wird bei den jeweiligen Geräten bzw. Übungen hingewiesen.

Zauberschnüre

Drei bis vier Zauberschnüre, pro Zauberschnur vier bis fünf Paare.

1. Zauberschnur als »Bodenmarkierung«

Auf einer Seite vor-, auf der anderen zurückbewegen.

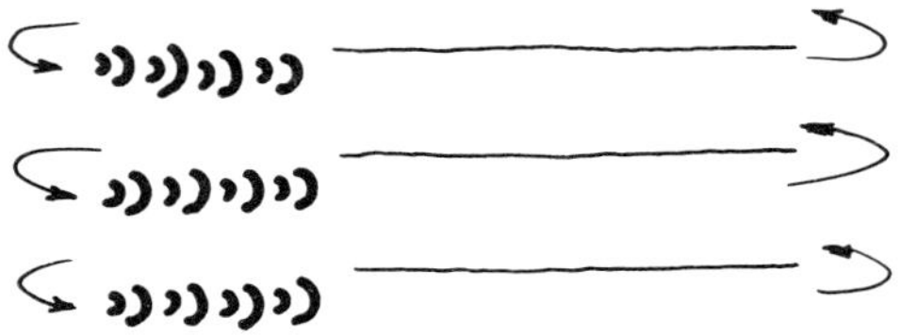

a) mit kleinen Schritten, mit großen Schritten, mit Kreuzschritten (rechter Fuß übersteigt nach links, linker Fuß übersteigt nach rechts).
b) entlanglaufen, vorwärts, rückwärts, seitwärts; Galopp.

→

»Kletterschluß«. Auf diese Weise kann der Kletterschluß sehr leicht und völlig ungefährlich geübt werden.

c) entlanghüpfen, einbeinig, beidbeinig; Schnur überspringen, einbeinig, beidbeinig.
d) balancieren, Füße auf der Zauberschnur, vorwärts, rückwärts.

←
»Stab übersteigen«. Eine interessante Gleichgewichtsübung. Der körperliche Ausdruck für besondere Konzentration sind die gespreizten Finger.

2. Zauberschnur als »Handgerät«

Alle sitzen vor der Schnur und fassen sie mit den Händen.

a) Wechsel zwischen Vorhalte und Hochhalte (die Mutter beugt die Arme).

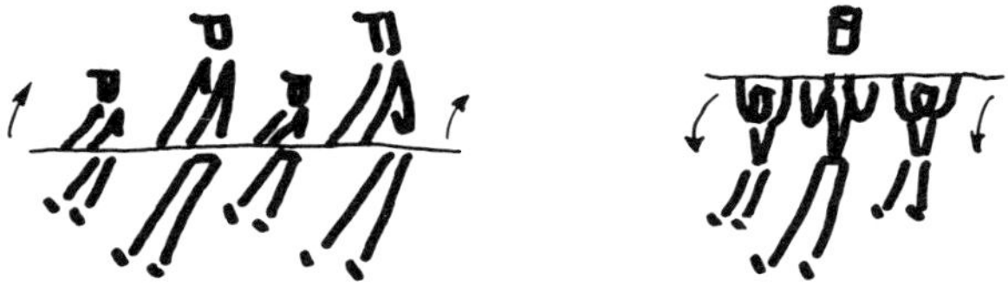

Auf Zuruf – alle gleichzeitig!

b) Absenken in die Rückenlage und wieder aufsetzen.
c) Schnur »dehnen«. In Vorhalte die Schnur festhalten und die Hände auseinanderbewegen (auch in Hochhalte).

Schnur dabei nicht berühren!

d) »Rudern«. Schnur in Vorhalte, Beine anhocken und Fußsohlen an die Schnur legen. Die Schnur festhalten und die Beine langsam strecken.
e) Strecksitz, Schnur in Vorhalte. Die Beine abwechselnd (gleichzeitig) über die Schnur heben und wieder zurückbewegen.

3. Zauberschnur als »Hindernis«

Die Schnur wird in Kniehöhe der Kinder gespannt. Sie wird entweder von zwei Müttern gehalten oder zwischen zwei feste, schwere Geräte (Bock, Pferd, Barren, Leiter, Sprossenwand) gespannt.

a) Übersteigen.
b) Durchkriechen.
c) Übersteigen und zurück durchkriechen.
d) Überspringen, einbeinig, beidbeinig.

Gesäß hoch! Wer streckt die Beine besser?

e) Hockwenden links und rechts.
Die Schnur übergreifen und auf der anderen Seite schräg (seitlich) mit beiden Händen aufstützen. Nun erst mit beiden Beinen abspringen und angehockt über die Schnur wenden.
f) »Überraden«.
Wie e), aber einbeinig abdrücken, das andere Bein unterstützt die Bewegung durch gestrecktes, seitliches Hochspreizen. (Abdruck mit dem linken Bein, Landung auf dem rechten Bein.)
g) Radschlagen über die Schnur (für Fortgeschrittene).

Jetzt die Schnur in Hüfthöhe der Mütter spannen.

h) Die Mutter überspringt die Schnur (Schersprung, Hocksprung).
i) Das Kind überspringt die Schnur mit Hilfe der Mutter. Mutter und Kind stehen einander gegenüber (Schnur dazwischen). Das Kind gibt die Arme hoch. Die Mutter erfaßt die Hände des Kindes und hebt es nach beidbeinigem Absprung (des Kindes) herüber. Um noch höher zu kommen, beugt das Kind nach dem Absprung die Arme und hockt die Beine an. (Sprünge bis auf Achselhöhe sind möglich!) Nicht hochreißen! Abfangen beim Niedersprung!

Die Kinder treten etwas zurück!

Reissäckchen

Die Säckchen sollen ein Format von ca. 20 × 20 cm haben und ca. 35 dkg wiegen. Als Material ist rauhes, festes Leinen gut geeignet, als Füllung Reis (Bohnen, Linsen). Am besten bittet man jede Mutter, in die nächste Turnstunde zwei solcher Säckchen mitzubringen.

Geräteigentümliche Formen sind: werfen, fangen und balancieren der Säckchen.

Vorsicht! Die Säckchen rutschen weg!

1. Laufen

Die Säckchen liegen frei verteilt auf dem Boden. Paarweise herumlaufen mit (ohne) Handfassung.

a) Säckchen umlaufen.

b) Jedes Säckchen kurz mit einer Hand berühren und gleich weiterlaufen.
c) Jedes Säckchen überspringen.

2. »Apportieren«

Die Mutter wirft das Säckchen weit weg, und das Kind muß es holen.

a) aufrecht laufend
b) wie ein Känguruh hüpfend
c) auf allen vieren (Säckchen zwischen den Zähnen)

3. Säckchen balancieren

Von Wand zu Wand über die Breitseite

a) im Gehen (das Säckchen liegt auf dem Kopf, die Mutter geht in tiefer Kniebeuge)
b) auf allen vieren gehend (das Säckchen liegt auf dem Kopf oder auf dem Rücken)
c) auf allen vieren rücklings gehend (das Säckchen liegt auf der Stirn oder auf dem Bauch)
d) auf einem Bein hüpfend (das Säckchen liegt auf dem Oberschenkel des anderen Beines)

e) auf einem Bein hüpfend (das Säckchen liegt auf dem Fußrist des anderen Beines)

Schwierig! Nicht aufgeben!

4. Durchreichen

Vorwärtsgehen und dabei das Säckchen bei jedem Schritt unter dem hochgehobenen Bein in die andere Hand geben.

5. Säckchen zuschieben

Mutter und Kind befinden sich einander gegenüber.

a) zuschieben in Bauchlage
b) im Stand mit der Hand zuschieben
c) im Stand mit dem Fuß zuschieben

Richtige Entfernung wählen (je nach Boden).

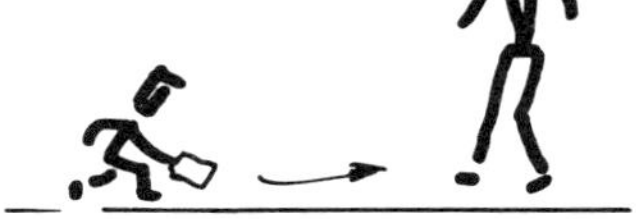

6. Säckchen zuwerfen

a) Im Stand mit der Hand zuwerfen.
b) Im Stand, Säckchen auf den Fuß legen und so zuwerfen, daß der andere es mit den Händen fangen kann.
c) Über dem Kopf nach hinten werfen.
d) Zuwerfen in Bauchlage.
e) Durch die gegrätschten Beine nach hinten (nach vorne) werfen.

Gute Wurf- und Fangschulung!

7. Säckchen reichen

a) Im Winkelsitz, Säckchen zwischen den Füßen eingeklemmt, eine ganze Drehung machen und dem anderen »in der Luft« übergeben.
b) Wie a), nur nach einer halben Drehung rückrollen und das Säckchen dem anderen vor die Füße legen (in der Luft übergeben).

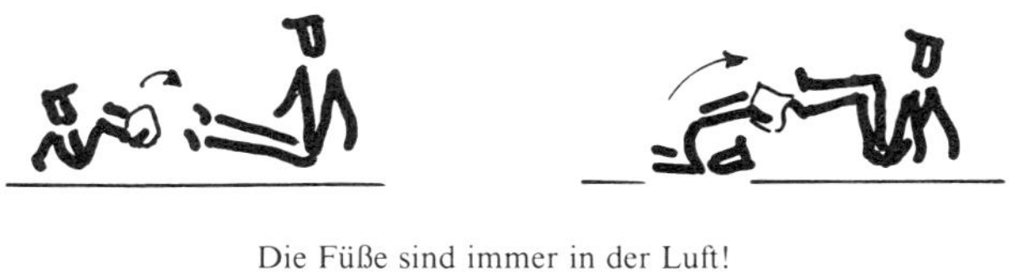

Die Füße sind immer in der Luft!

c) In Bauchlage das Säckchen hinter dem Rücken von einer Hand in die andere übergeben und dann dem Partner reichen.

Richtungswechsel!

8. Balancier-Kunststücke

Mit dem Säckchen auf dem Kopf

a) Hinsetzen und aufstehen, ohne es zu verlieren.
b) Hinlegen und aufstehen, ohne es zu verlieren (in Bauchlage einmal um den »Nabel« drehen mit Hilfe der Hände).
c) Säckchen zwischen den Stirnen von Mutter und Kind einklemmen. Kniebeugen und strecken, ohne es zu verlieren.

9. »Greifen«

Das Säckchen mit den Zehen ergreifen und hochheben.

a) im Sitz
b) im Stand

Fußwechsel!

10. Zielschießen (-kegeln)

a) Kreise auf dem Boden einzeichnen, das Säckchen möglichst in die Kreismitte werfen.
b) Kegel (Bälle, Kartonrollen, Taschen ...) aufstellen und mit den Säckchen treffen.

Verschiedene Wurfformen anwenden: beidhändig, einhändig ...
Wer macht mehr Punkte? Wer trifft öfter?

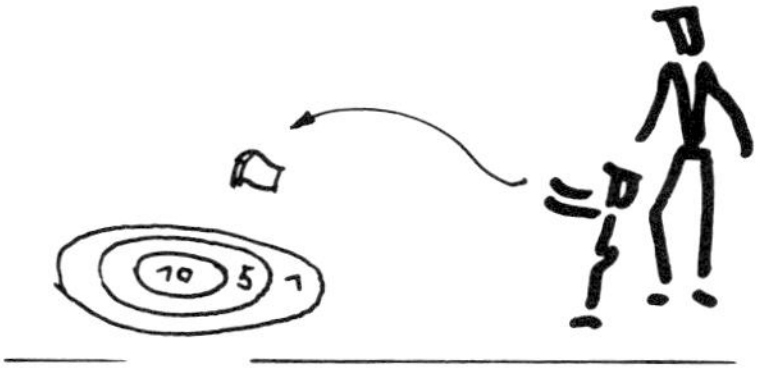

Kartons (Teppichfliesen)

Alte Kartonschachteln werden so zerschnitten, daß verschieden große, flache Stücke übrigbleiben.

Auch alte Teppichfliesen mit der »haftenden« Seite nach oben und der Teppichseite zum Boden hin eignen sich vorzüglich (ebenso genügend große Filzstücke).

Die Stunde steht unter dem Motto »Rutschen«.

Am günstigsten ist es, alle immer von Wand zu Wand üben zu lassen. So sind die gegenseitigen Behinderungen am geringsten, und der Übungsleiter hat den besten Überblick.

1. Vorwärtsrutschen

Jeder stellt sich mit je einem Fuß auf einen seiner »Schuhnummer« entsprechenden Karton und schiebt die Beine so vorwärts, daß er den Karton nicht verliert. Langsam beginnen, dann das Tempo steigern. Mit und ohne Handfassung! Die Mutter rutscht voraus, das Kind versucht die Mutter zu erwischen. Rollentausch!

2. Rückwärtsrutschen

Das Rückwärtsrutschen ist ein völlig anderer Bewegungsablauf.
Aufpassen, daß man nicht nach hinten fällt!

3. Seitwärtsrutschen

Immer ein Bein seitwärts schieben zur Grätschstellung, dann das andere Bein nachziehen und die Beine schließen.
Nach beiden Seiten probieren! (Unterschiedliche Beanspruchung!)

Beine nicht zu weit öffnen!

4. »Trittrollerfahren«

Nur auf einem Karton stehen (den anderen Karton als »Lenkrad« in die Hand nehmen). Mit dem freien Bein vom Boden abstoßen und auf dem Karton rutschen.
Geradeaus, in Kurven, mit Aufsteigen des zweiten Beines ...
Vorsicht, nicht zurücklegen!

5. »Raupe«

Mit den Händen auf einem Karton und den Füßen auf dem anderen Karton stehen und sich so fortbewegen.

a) vorwärtskriechen
b) rückwärtskriechen

c) wie a), mit dem Rücken zum Boden (= rücklings vorwärts)
d) wie b), aber rücklings (rückwärts) – noch anstrengender!

a) 

b) 

c) 

d) 

6. »Seehund«

Die Füße sind auf dem Karton, die Hände auf dem Fußboden. Vorwärtsbewegen im Liegestütz und die Beine »nachschleifen« (= robben). Auch ein Zur-Seitbewegen der Beine ist möglich! Auch im Knien auf dem Karton kann »gerobbt« werden!

7. »Wedeln« (beidbeinig)

Mit beiden Beinen auf einem Karton stehen und durch ruckartige Gesamtkörperbewegungen weiterbewegen.

a) vorwärtsrutschen
b) rückwärtsrutschen
c) seitwärtsrutschen

d) vorwärtsrutschen und dabei leicht rechts und links seitrutschen (= wedeln) – Vorsicht! Nicht zu weit zur Seite rutschen!

8. »Wedeln« (einbeinig)

Wie unter 7. beschrieben, aber nur mit einem Bein auf dem Karton stehen. Das andere Bein wird in der Luft gehalten. Vorwärts, rückwärts, seitwärts ...

9. »Aufwischen«

Die Hände stützen auf dem Karton, die Beine sind auf dem Boden. In dieser Stellung in der Halle hin- und herfahren. (Auch rückwärts möglich, aber wesentlich schwieriger und anstrengender.)

10. Sitzrutschen

Auf dem Karton sitzen, die Füße sind auf dem Boden, die Arme erhoben. In dieser Stellung fortbewegen.

a) vorwärtsrutschen
b) rückwärtsrutschen

11. Schieben

Das Kind steht auf dem Karton und wird von der Mutter unter den Achseln gefaßt. Die Mutter schiebt das Kind so durch den Saal.

12. Ziehen

Gleiche Ausgangsstellung wie bei 11., nur wird das Kind gezogen.
Vorsicht! Man verliert dabei leicht den Karton!

13. Balancieren

Die Kartons werden von einer Seite zur anderen balanciert.

a) auf den flachen Händen (servieren)
b) auf den Handrücken
c) auf je 5 (3, 1) Fingern
d) auf dem Kopf
e) auf einem Fuß hüpfend, den Karton zwischen den Zehen des anderen Fußes eingeklemmt

14. Hüpfen

Der Karton muß dabei zwischen den Beinen eingeklemmt werden.

a) aufrecht hüpfen
b) Hasenhüpfen
c) aufrecht auf einem Bein, Karton zwischen Ober- und Unterschenkel des anderen Beines eingeklemmt

15. Werfen

Die Kartons sollen auf verschiedene Arten, ähnlich wie eine Frisbeescheibe, geworfen und wieder geholt werden.

a) senkrecht hochwerfen – wiederfangen
b) waagrecht zuwerfen
c) weitwerfen

Gleichzeitig werfen lassen!

16. Karton erwischen

Die Mutter hält den Karton senkrecht über der offenen, hochkant gehaltenen Hand des Kindes. Sie läßt den Karton zwischen Daumen und Zeigefinger des Kindes durchfallen, und das Kind versucht ihn dabei zu erwischen. – Rollentausch!

17. »Haus bauen«

Aus den herumliegenden Kartons werden verschiedene Gebilde gebaut: Hürden, »Kartonhäuser« ... Diese werden:

a) überstiegen
b) übersprungen
c) durchkrochen ...

Wer erfindet weitere Möglichkeiten?

18. »Schlittenfahren«

Das Kind hockt mit beiden Beinen auf einem Karton (nicht hinsetzen!) und hält in der Hand ein Sprungseil. Die Mutter faßt die Enden des Sprungseiles und zieht das Kind durch den Saal. Zuerst geradeaus, dann in Kurven! (Die Übung ist auch im Knien möglich.)

Zwei Kinder ziehen eine Mutter oder die Kinder einander und die Mütter einander.

Sehr lustig! Ein freudvoller Höhepunkt und Abschluß!

Kartonrollen

Am besten eignet sich bunter Karton mittlerer Stärke im A2-Format. Der Karton wird zusammengerollt und mit Büroklammern (oder Klebeband) abgeheftet.

Das Aufbewahrungsproblem (Platzfrage) löst man durch Ineinanderstecken von Rollen unterschiedlicher Durchmesser. Es ist günstig, Rollen in drei verschiedenen Höhen herzustellen (Differenzierungsmöglichkeit). Beschaffung: Jede Mutter bringt in die nächste Turnstunde drei Stück Karton mit. Die Herstellung der »turnfertigen« Rollen erfolgt an Ort und Stelle.

1. Anstoßen verboten!

Die Rollen stehen frei im Saal verteilt.

a) Beide gehen (laufen) mit Handfassung und dürfen dabei an keiner Rolle anstoßen.
b) Laufen ohne Handfassung.

Rollen nicht zu eng stellen!

2. »Bäumchen wechsle dich!«

Ein bis drei Rollen weniger, als Paare vorhanden sind, werden im Saal verteilt aufgestellt. Jedes Paar berührt mit der Hand eine Kartonrolle.

Auf Zuruf »Wechsel« muß diese ausgelassen werden, um möglichst rasch eine andere zu berühren.

Die überzähligen Paare versuchen dabei auch eine Kartonrolle zu erreichen!

3. Karton zurollen

a) Bauchlage gegenüber – die Kartonrolle mit den Händen zurollen.
b) Gegenseitg zublasen – schwierig! (näher rutschen!).
c) Sitz gegenüber – die Rolle gegenseitig mit den Füßen zustoßen.
d) Bankstellung gegenüber – die Kartonrolle einander mit dem Hinterkopf zustoßen.

a) 

b) 

c) 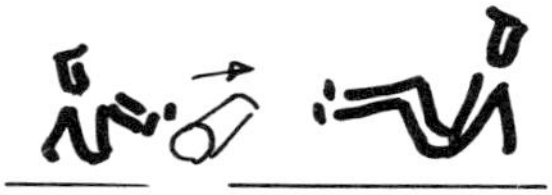

d) 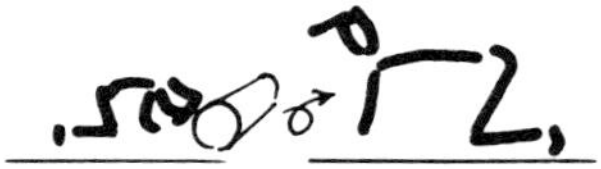

→

»Ausreiten«. Wer reitet nicht gerne! Ein guter Reiter versucht, ob es auch ohne Festhalten geht.

»Kreisendes Seil«. Bis das Kind den richtigen Zeitpunkt für den Absprung abschätzen kann, dauert es eine Weile. Geduldiges Wiederholen führt zum Erfolgserlebnis!

4. Umblasen

Grätschsitz gegenüber, Rolle hochkant zwischen den gegrätschten Beinen. Das Kind versucht, die Rolle umzublasen. Die Mutter bläst so dagegen, daß dies möglichst verhindert wird.

5. Umstoßen

Die Mutter steht vor der hochkant aufgestellten Rolle. Das Kind versucht, durch Stöße mit dem Zeigefinger (Hand, Fuß) die Rolle umzuwerfen. Die Mutter verhindert dies durch Abschirmen der Rolle mit dem Körper. – Rollentausch!

6. Winkelsitz

Die Rolle liegt auf dem Boden. Die Mutter und das Kind sitzen im Strecksitz einander gegenüber.

a) Beide heben die gestreckten Beine über die Rolle auf die andere Seite und wieder zurück.
b) Beide stecken je einen Fuß ein Stück in die Rolle hinein, heben diese an, halten sie hoch und legen sie wieder ab (Fußwechsel). Vorsicht! Nicht kaputtmachen!

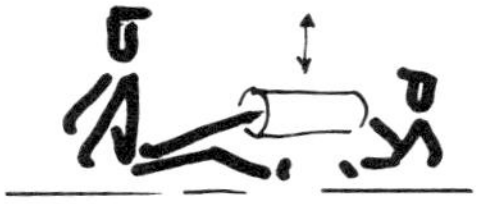

7. Hockwenden

a) Die Rolle liegt auf dem Boden. Die Hände werden in Verlängerung der Rolle auf dem Boden aufgestützt. Hockwenden links und rechts, ohne die Rolle zu berühren.
b) Wie a), nur steht die Rolle hochkant (schwierig!).

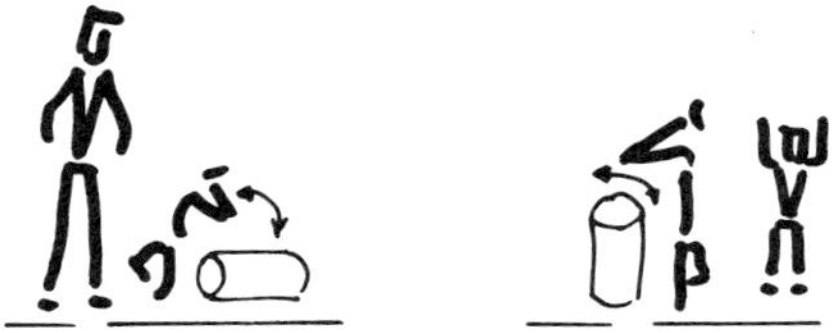

8. Zuwerfen

Stand gegenüber, die Rolle auf die Unterarme aufgelegt. Horizontal zuwerfen und fangen.

9. Erwischen

Stand gegenüber, die Mutter hält die Rolle hochkant zwischen den Handflächen. Das Kind hält die geöffneten Hände unter die Rolle. Die Mutter läßt die Rolle plötzlich fallen, und das Kind versucht sie zu erwischen, ehe sie zwischen den Händen durchgefallen ist. (Nicht zusammendrücken!)

Rollentausch! – Sehr lustig!

10. Sprungformen

Die Rolle liegt auf dem Boden.

a) Quer überspringen, einbeinig, beidbeinig, mit Drehung.

b) Längs überspringen, vor der Rolle beidbeinig abspringen, Beine geschlossen, in der Mitte Beine grätschen, nach der Rolle Beine wieder schließen.
Dasselbe mit halber Drehung am Ende und gleich wieder zurückspringen. – Mehrmals!

11. Übergrätschen

Die Kartonrolle steht hochant (Höhe der Rolle dem jeweiligen Sprungvermögen angepaßt).

a) Das Kind überspringt die Rolle mit Hilfe der Mutter (Unterstützung durch Hochziehen an den Armen. Nicht reißen! Anpassen!) Nur wenige Schritte Anlauf, beidbeiniger Absprung.
b) Kind und Mutter übergrätschen die Rolle, jeder allein.

12. Überhocken

Kartonrolle hochkant.

a) Das Kind überhockt die Rolle mit Hilfe der Mutter. Beidbeiniger Absprung, auf aufrechten Oberkörper achten, nicht zurücklegen! (Häufigster Fehler!)
b) Das Kind und die Mutter überhocken jeder die Kartonrolle allein.

Mehrere Kartonrollen hintereinander aufstellen (gleiche oder unterschiedliche Höhen). Allmählich steigern!

13. Durchkriechen

Drei Kartonrollen werden in Form eines Tores (»Hürde«) aufgebaut! Kind und Mutter versuchen durchzukriechen, ohne die Hürde umzustoßen.

14. »Hürde« überspringen

Kartonrollen wie bei 13. Mit kurzem Anlauf Hürde überspringen:

a) mit Hilfe (einbeiniger, beidbeiniger Absprung);
b) ohne Hilfe (mehrere Hürden).

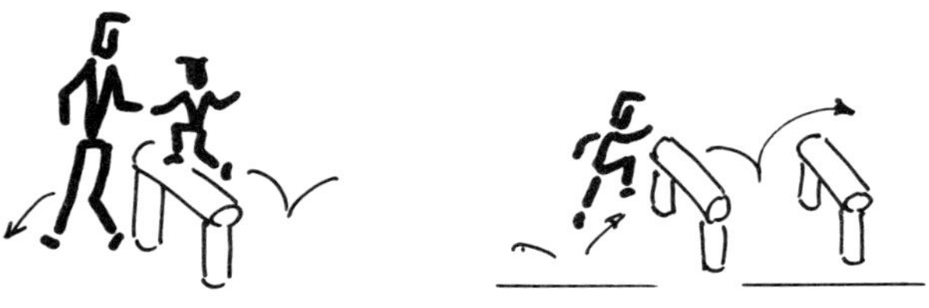

15. »Telefonieren«

Beide stehen einander gegenüber (die Mutter im Hockstand), Gesicht an die Öffnung der Rolle gedrückt. Durch die Kartonrolle miteinander reden, auch Kniebeugen und Strecken in dieser Situation ist möglich. Die Rolle darf aber nicht mit den Händen gehalten werden. Rolle nicht verlieren!

16. Einschauen

Das Kind steht vor der hochkant aufgestellten Rolle und blickt in die Rolle hinein (= einschauen). Während das Kind einschaut, läuft die Mutter weg und versteckt sich irgendwo in der Halle. Auf ein Zeichen dürfen alle Kinder ihre Mütter suchen. Wer findet sie gleich? – Rollentausch!

17. »Pferdchen lenken«

a) Alle Rollen werden hochkant aufgestellt. Das Kind sitzt auf dem Rücken der Mutter und lenkt diese durch den Raum.
b) Wie a), nur hat das »Pferd« die Augen geschlossen und muß durch Ziehen an den Ohrläppchen gelenkt werden.
linkes Ohr = nach links laufen; rechtes Ohr = nach rechts laufen; beide Ohren = halt! Fersen in die Seite = Sporen geben = weiterlaufen! –Nirgends anstoßen!

18. »Ritterrüstung«

Jedes Kind darf Kartonrollen über Arme und Beine streifen (nicht kaputt machen!). Mit der Rüstung wird in die Garderobe abmarschiert.

Turnstab

Mutter und Kind mit einem Stab.

1. Stäbe sammeln

Mütter und Kinder laufen mit Handfassung umher, die Stäbe liegen auf dem Boden und dürfen beim Laufen nicht berührt werden. Auf »Los!« versucht jeder möglichst viele Stäbe zu erwischen und setzt sich damit hin. Wer hat keinen?

Mehrmals spielen. Vorsicht! Keine Grobheiten zulassen!

2. Überspringen

Die Mutter kniet und hält den Stab so, daß das Kind ihn überspringen kann.

Rollentausch. Das Kind kann dabei stehen.

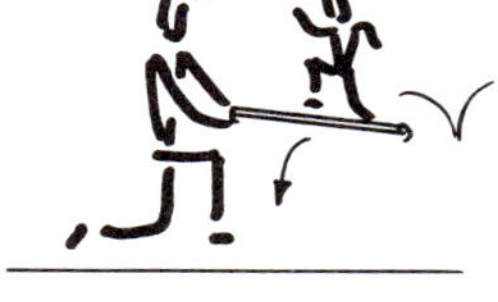

3. Durchkriechen

Aufstellung wie bei 2., nur muß unter dem vorgehaltenen Stab durchgekrochen werden.

4. Sägen

Beide halten den Stab je an einem Ende. Kräftig hin- und herbewegen wie beim Sägen. Handwechsel. Den Stab neben dem Körper vorbeiführen.

5. Hochspringen

Die Mutter faßt den Stab mit beiden Händen (schulterbreit) und hält ihn hüfthoch vor den Körper. Das Kind ist in Hockstellung mit Griff am Stab zwischen den Händen der Mutter. Das Kind springt hoch, und die Mutter unterstützt durch Hochziehen. Das Kind hängt dabei kurzfristig am Stab.

6. Überklettern

Die Mutter hält den Stab in Hüfthöhe vor den Körper. Das Kind schlüpft von unten zwischen die Mutter und den Stab und klettert

über den Stab wieder hinaus. Für kleinere Kinder den Stab etwas tiefer halten. Anhalten ist überall erlaubt.

7. Tellerreiben

Beide halten sich am Stab fest und hüpfen im Kreis.
Vorsicht! Nicht zu rasch (Fliehkraft)! Galopphüpfen.

8. Trapez

Die Mutter hält den Stab mit beiden Händen knapp über dem Boden. Das Kind legt die Hände auf die Schultern der Mutter und steigt dann auf den Stab. Die Mutter hebt das Kind langsam hoch. Mehrmals!

9. Schlittenfahren

Die Mutter steht und hält den Stab an einem Ende, das Kind sitzt

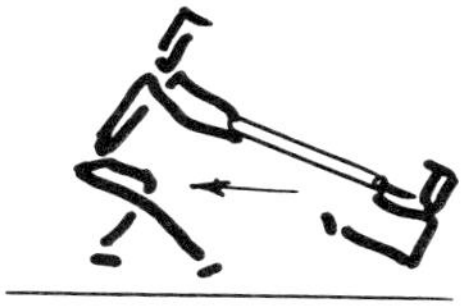

und hält den Stab am anderen Ende. Die Mutter zieht das Kind so durch den Saal (nur bei glattem Boden durchführbar).

10. Rutschbahn

Die Mutter befindet sich im Grätschstand und hält den Stab zwischen den Beinen nach hinten. Das Kind liegt auf dem Rücken und hält sich am anderen Ende des Stabes an. Die Mutter zieht das Kind mit Schwung durch die gegrätschten Beine durch und bis zum Strecksitz hoch.

Mehrmals wiederholen!

11. Stabablegen

Die Mutter hebt das Kind, das den Stab hält, zum Hüftsitz. Das Kind senkt nach hinten ab und legt den Stab auf den Boden. Die Mutter unterstützt das Kind dabei unter dem Kreuz. Das Kind richtet sich dann wieder auf. Beim nächsten Zurücksenken hebt das Kind den Stab wieder auf.

12. Steckenpferd

Das Kind hält den Stab wie ein Steckenpferd zwischen Händen und Beinen. Die Mutter treibt das Kind durch leichte Schläge mit der flachen Hand an.

Wechsel! Die Mutter »reitet« und das Kind treibt sie an!

13. Kletterschluß

Die Mutter hält den Stab ganz oben und senkrecht zum Boden, so daß er nach der Seite nicht wegrutschen kann (Fußfixierung). Das Kind versucht sich mit Händen und Füßen so anzuklammern wie an einer Kletterstange.

14. Zustoßen

Beide stehen gegenüber, der Stab senkrecht zwischen ihnen am Boden. Der Stab soll nun zwischen Mutter und Kind so hin- und hergestoßen werden, daß das untere Ende immer am Boden stehen bleibt.

15. Autofahren

Beide halten den Stab waagrecht zwischen den Beinen. Mit Geräusch starten, langsam anfahren, Tempo steigern, vorwärts, rückwärts, einbiegen, blinken (Faust auf- und zumachen), hupen, einparken ...

Ball

Mutter und Kind zusammen mit einem Ball.

1. Gegenseitig abrollen

Das Kind läuft (hüpft) davon, die Mutter rollt den Ball hinter dem Kind nach und versucht, es dabei an den Füßen zu treffen. Gelingt ein Treffer, ist Rollentausch! Werfen ist nicht gestattet, nur rollen, ausweichen ist erlaubt!

Ball nicht zu schnell rollen!

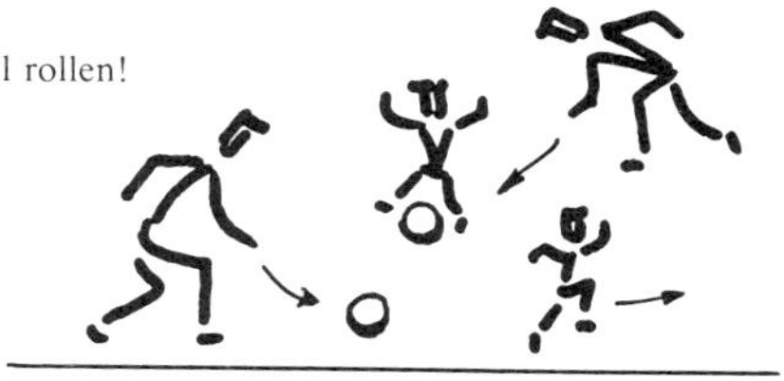

2. Ball holen (apportieren)

Aufstellung auf einer Seite des Saales. Die Mutter rollt den Ball nach der anderen Seite, das Kind läuft nach und holt den Ball zur Mutter zurück.

Lustig, aber anstrengend!

Verschiedene Formen: aufrecht laufen, einbeinig hüpfen, auf allen vieren ...! Der »Werfende« sagt immer an, wie der Ball geholt werden soll. Rollentausch!

3. Ball zurollen

Beide befinden sich im Grätschsitz einander gegenüber und rollen den Ball einander zu.

a) mit den Händen
b) mit den Füßen
c) Den Ball mit den Füßen aufnehmen und dem Partner in die Hände übergeben.
d) In Bauchlage gegenüber mit den Händen zurollen.

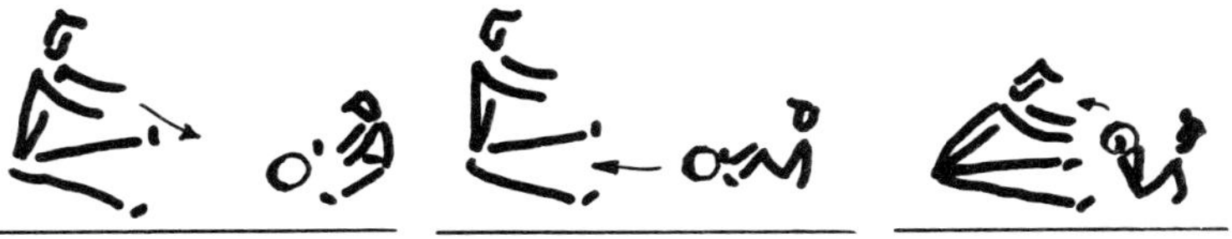

Abstand nicht zu groß!

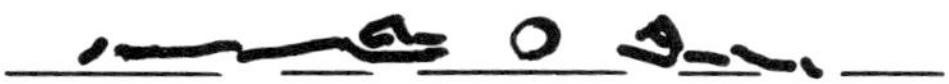

4. Ball wegnehmen

Die Mutter sitzt und hat den Ball zwischen den Füßen eingeklemmt. Das Kind versucht, der Mutter den Ball mit den Füßen wegzunehmen. Rollentausch!

5. Ballkreisen

Beide im Strecksitz, Rücken an Rücken, Beine leicht geöffnet.

a) Ball von einer Seite auf die andere dem Partner übergeben.
b) Den Ball dabei unter den Beinen durchreichen (rollen).
c) Den Ball um die eigenen Beine rollen und dann dem Partner übergeben.

Geht es auch schneller?

Ganz weit vorbeugen!

6. Ball über den Kopf

Beide im Hocksitz hintereinander. Der Vordere gibt den Ball über den Kopf nach hinten, dann machen beide im Sitz rasch eine halbe Drehung. Der neue Vordermann gibt den Ball wieder über den Kopf nach hinten usw.

Nicht zu eng sitzen!

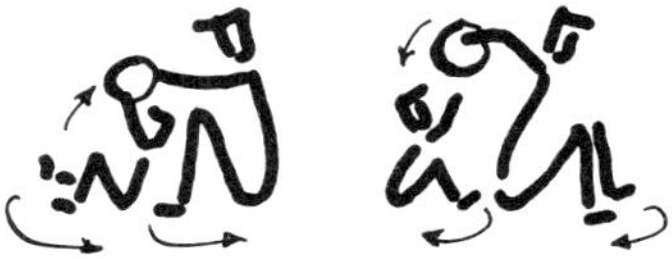

7. Ball treten

Beide im Hocksitz gegenüber, die Hände neben dem Gesäß auf den Boden stützen. Mit den Füßen den Ball zustoßen. Auch im Schwebesitz!

Geringer Abstand!

8. Ball durchreichen

Beide im Grätschstand, Rücken an Rücken. Die Mutter reicht den Ball zwischen den Beinen durch dem Kind, dieses gibt den Ball über den Kopf der Mutter zurück. Richtungswechsel!

Ganz groß machen dabei!

9. Verkehrt zurollen

Aufstellung wie bei 8., aber größerer Abstand. Den Ball durch die gegrätschten Beine einander zurollen.

10. Ball zuspielen

Beide stehen einander gegenüber, Abstand je nach Aufgabenstellung.

a) Den Ball zu Boden fallen lassen und wieder auffangen, dann dem anderen zurollen.
b) Den Ball zu Boden prellen und fangen, dann gegenseitig zuprellen und fangen (beidhändig, einhändig).
c) Den Ball hochwerfen und fangen, dann zuwerfen und fangen (beidhändig, einhändig).

Leichteste Form!

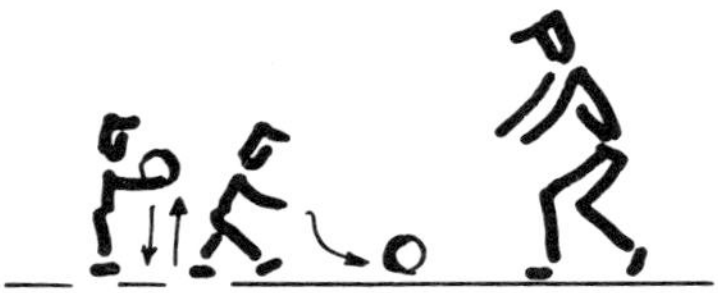

Bereits viel schwieriger!

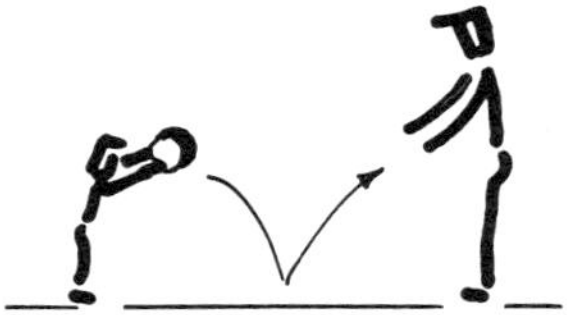

10c)  Schwierigste Form!

11. Fußball

Den Ball mit dem Fuß gegenseitig zurollen. Einmal mit dem rechten, einmal mit dem linken Fuß!

a) Fußinnenseite
b) Fußaußenseite
c) Fußspitze

Entfernung steigern!

12. Tunnel

Die Mutter geht in den Winkelliegestütz. Das Kind rollt den Ball durch den Tunnel, kriecht nach und holt den Ball wieder. Dasselbe von der anderen Seite. Mehrmals! Dann Rollentausch! Zur Erschwerung den Ball mit dem Kopf rollen lassen!

Die Mutter schlüpft auf dem Bauch durch!

13. Nackenbrücke

Beide liegen in Rückenlage nebeneinander, die Hände liegen neben dem Gesäß auf dem Boden. Die Beine sind etwas angewinkelt, die Fußsohlen auf dem Boden. In dieser Stellung soll das Gesäß vom Boden abgehoben werden und der Ball unter dem eigenen Gesäß hindurch dem Partner zugerollt werden. Dann wieder Rückenlage und den Ball oben über den Bauch zurückrollen. Richtungswechsel!

Anstrengend!

14. Kegeln

Die Mutter in Hocksitz, Rücken zum Kind. Zuerst geringere Entfernung, dann steigern! Das Kind muß den Ball rollen und dabei die Mutter (= Kegel) treffen. Rollentausch! Größere Entfernung!

Treffer zählen!

15. Abschießen

Die Mutter versucht das Kind abzuschießen. Das Kind darf dabei ausweichen! Rollentausch! Entfernung nach Wurfkönnen!

Sprungseil zu zweit

Geräteigentümliche Übungen sind besonders Ziehen und Springen. Mutter und Kind haben miteinander ein Sprungseil.

1. Hindernislauf

Die Sprungseile liegen beliebig im Saal verteilt.

a) Es darf »frei« gelaufen werden.
b) Die Seile dürfen nicht übersprungen werden (nur in den »Gassen« laufen).

→

»Handstand«. Es ist ein Kunststück für die »Größeren« und sollte erst geübt werden, wenn die Kinder durch vieles Klettern einen kräftigen Schultergürtel bekommen haben.

c) Jedes Seil muß übersprungen werden (ein- bzw. beidbeinig). Platzeinteilung! – Nicht zusammenstoßen!

2. »Schlange« erwischen

Die Mutter hält ein Ende des Sprungseils in einer Hand, das andere Ende liegt am Boden. Sie bewegt das Seil schlängelnd und geht dabei rückwärts (seitwärts). Das Kind versucht immer wieder, auf das Ende des Seiles zu treten und es so zu fixieren. Rollentausch! Nicht zu rasch! Auch mit der Hand erwischen! Vorsicht!

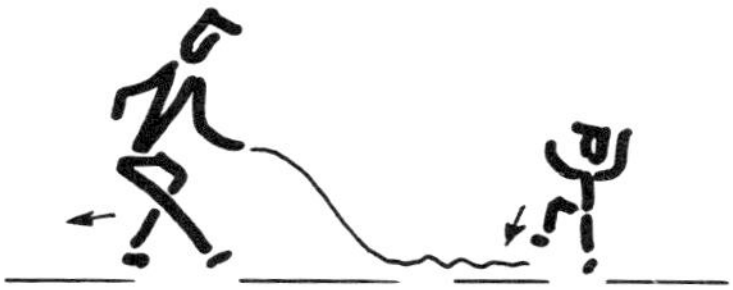

3. Ziehkampf

Beide stehen und halten je ein Ende des Seiles in der Hand. Jeder versucht, den anderen zu sich zu ziehen. (Die Mutter gibt manchmal etwas nach!) – Vorsicht!

←
»Hüftaufschwung«

4. Zugmaschine

a) Beide sitzen und halten je ein Ende des Seils in der Hand. Die Mutter zieht das Kind (Füße etwas vom Boden abgehoben) zu sich her. Lustig!
b) Wie a), nur rücklegen und wieder aufsetzen im Wechsel.
c) Die Mutter sitzt hinter dem Kind. Das Kind faßt die Seilmitte, die Mutter faßt die Enden. Das Kind versucht die Mutter so vom Platz zu ziehen. Die Mutter hilft ein bißchen mit, indem sie beide Beine vorstreckt, die Fersen aufsetzt und den Körper nachzieht. Nur bei glattem Boden möglich!

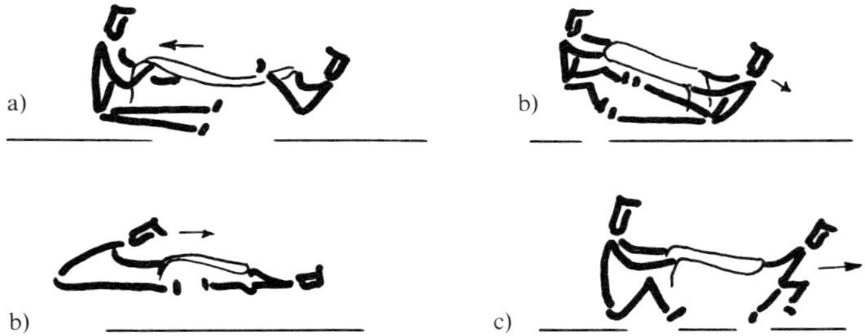

5. Übersteigen

Die Mutter hält das Seil an beiden Enden schräg zur Seite etwas vom Körper entfernt. Das Kind steigt über das Seil drüber. Höhe steigern!

6. Überspringen

Ausgangsstellung wie bei 5., nur wird das Seil übersprungen.

a) aus dem Stand ein- bzw. beidbeinig
b) aus dem Anlauf ein- bzw. beidbeinig

Vorsicht!

7. Schnurspringen

Das Kind steht knapp vor der Mutter und blickt in dieselbe Richtung. Die Mutter schwingt das Sprungseil über den Kopf nach vorne, und beide überspringen das Seil wie beim üblichen Schnurspringen.

a) beidbeiniges Überspringen mit Zwischenhupf
b) ohne Zwischenhupf
c) einbeiniges Überspringen
d) Sprungseil rückwärts durchschwingen

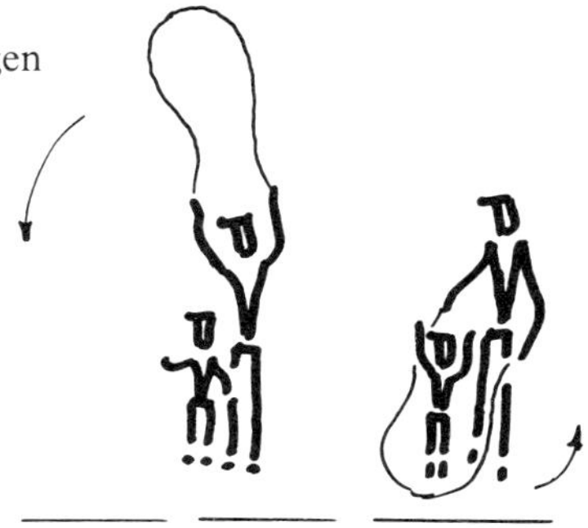

Wer erfindet neue interessante Sprungformen?

8. »Seiltanzen«

Das Seil wird auf den Boden gelegt. Beide gehen balancierend darüber (vorwärts- und rückwärtsgehen).

9. Kreisendes Seil

Die Mutter hält das Seil an einem Ende, das andere Ende liegt auf dem Boden. Nun läßt die Mutter das Seil in weitem Bogen um sich kreisen. Immer wenn das Seil beim Kind vorbeischwingt, springt das Kind hoch. Das Abschätzen des richtigen Zeitpunktes zum Wegspringen bereitet oft Schwierigkeiten. (Geduld!) – Rollentausch!

Für diese Übung braucht man viel Platz!

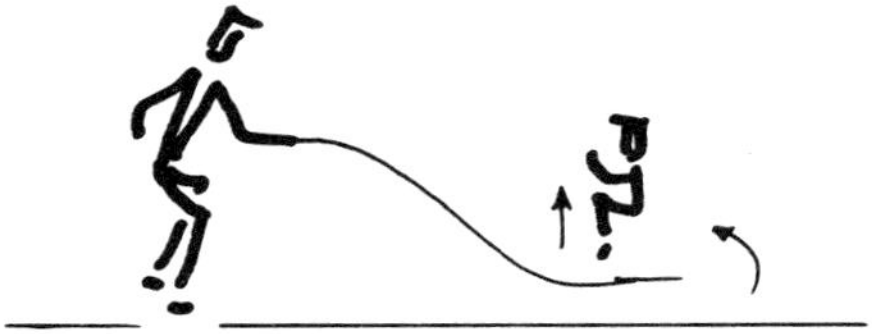

10. Kreislaufen

Ausgangsstellung wie bei 8., nur hält das Kind das andere Seilende und läuft so im Kreis um die Mutter herum. Das Seil soll immer gespannt bleiben. – Rollentausch!

Vorsicht! Nicht zu schnell! (Fliehkraft)

11. »Greiffüße«

Aus dem Hocksitz soll das Seil nur mit Hilfe der Füße (Zehen) hochgehoben und wieder abgelegt werden (Schuhe bzw. Socken ausziehen).

Gegen Fußschäden!

12. »Glockenläuten«

Mutter und Kind stehen mit dem Rücken zueinander. Sie fassen das doppelt zusammengelegte Seil durch die gegrätschten Beine und ziehen abwechselnd daran.

Oberkörper weit vorbeugen! Eng genug fassen!

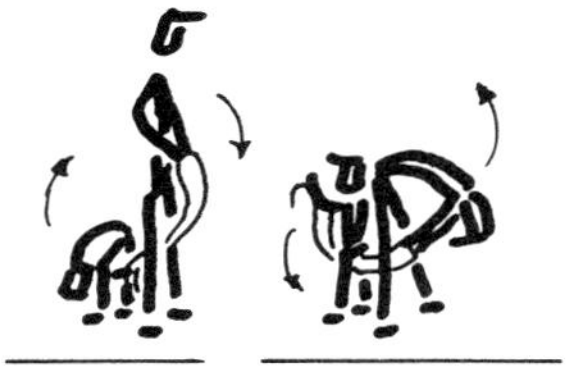

13. »Pferdchen«

Das Kind legt das Sprungseil um die Hüfte und läuft, gefolgt vom Lenker, herum. Dieser hält die Seilenden immer gespannt.

Rollenwechsel! Sicher lenken!

14. Siamesische Zwillinge

Mutter und Kind binden mit dem Sprungseil die inneren Beine (Unterschenkel) zusammen und gehen (laufen) so in der Halle herum.

Kleine Schritte, auf das Kind Rücksicht nehmen!

Sprungseil zu viert

Je zwei Mütter und zwei Kinder turnen zusammen, jedes Paar hat ein Sprungseil.

1. »Wagenrennen«

Jedes Paar bildet einen Wagen. Der Wagen kann auf verschiedene Weise zusammengestellt werden.

a) Das Kind (die Mutter) hat das Sprungseil um die Hüfte (Pferd) und läuft, gefolgt vom »Lenker«, herum. Dieser hält die Seilenden immer unter Spannung.
b) Das Kind (die Mutter) hat ein Bein mit dem Knie in der Seilschlinge und muß einbeinig hüpfen.
c) Das Kind (die Mutter) hat ein Bein rückgespreizt mit dem Fuß in der Seilschlinge und hüpft einbeinig.
d) Das Kind (die Mutter) läuft auf »drei Beinen« und hält ein Bein hoch, an dem das Seil eingehängt ist (Hund an der Leine).

a) 

b) 

Mit einer Hand am Lenker anhalten ist erlaubt!

c) 

Fuß nicht zu hoch halten!

d) 

Achtung auf die Seilspannung!

Ein Wagen muß dem anderen folgen. Ein Wagen muß den anderen antreiben. Das »Pferd« treibt mit den Händen den anderen »Lenker« an!

2. Ziehkampf

Die Paare stehen einander gegenüber, die Kinder innen, die Mütter außen. Die Sprungseile werden ineinander eingehängt. Jedes Paar erfaßt sein Seil rechts und links vom Körper und versucht, das andere Paar vom Platz zu ziehen.

Vorsicht – Abstand halten!

3. Hinsetzen – aufstehen

Ausgangsstellung wie beim Ziehkampf. Unter Seilspannung setzen sich die Paare nieder und stehen wieder auf.

Tempo steigern!

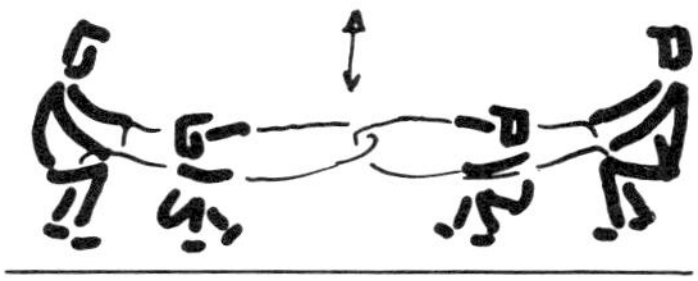

4. »Tellerreiben«

Ausgangsstellung wie beim Ziehkampf. Beide Paare machen unter Beibehaltung der Seilspannung Seitgaloppschritte nach rechts (dann nach links) im Kreis. Platzbedarf beachten! Sehr lustig!

5. Seil übergeben

Beide Paare stehen einander gegenüber. Die Kinder machen einen Grätschliegestütz, die Mütter stehen dahinter. Sie fassen die Kinder unter dem Becken, während diese die Beine fest an die Hüfte der Mutter anpressen. Die Sprungseile liegen vor den Kindern auf dem Boden.

a) Die Seile müssen aufgenommen und in der Luft getauscht werden. Dabei heben die Mütter die Kinder am Becken hoch, und diese »bäumen« sich auf (steifmachen).
b) Vor dem Seiltausch drehen sich die Mütter einmal um die eigene Achse.
c) Die Kinder müssen einander die Seile um den Hals hängen.

Körperspannung ist wichtig!
Die Mütter müssen sich ganz aufrichten und leicht zurückbeugen!

6. »Rudern«

Die beiden Seile werden zu einem »Kreis« zusammengeknüpft. Alle sitzen im Grätschsitz, die Kinder einander gegenüber und die Mütter einander gegenüber (Fußsohlen aneinander) und halten den »Seilkreis« mit beiden Händen. Die Gegenübersitzenden bewegen gleichzeitig den Oberkörper vor- bzw. rückwärts.

Wenn ein Paar vorgebeugt ist, ist das andere zurückgestreckt.

Langsam beginnen, dann das Tempo steigern!

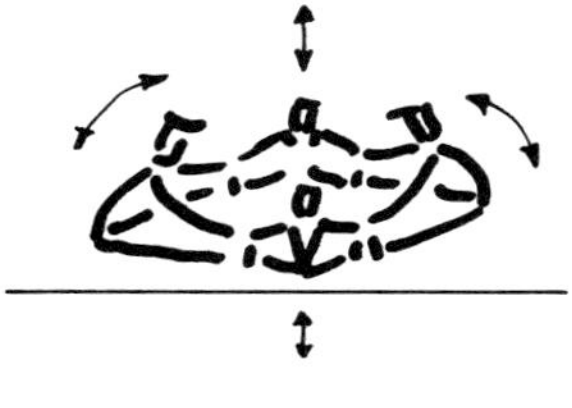

7. »Kosakentanz«

Alle erfassen den »Seilkreis« und stehen paarweise gegenüber.

a) Wechsel vom Hockstand zum Stand unter Seilspannung.
b) Wechselhüpfen – je ein Bein gestreckt und eines gehockt (unter Seilspannung).

Rhythmus!

8. »Ringelspiel«

Der »Seilkreis« wird auf den Boden gelegt, und alle treten hinein.

a) Die Mütter fassen einander bei den Händen, die Kinder sitzen auf den gefaßten Händen der Mütter und halten sich an den Armen (Schultern) ihrer Mütter fest. Durch kleine Seitstellschritte drehen die Mütter die Kinder im Kreis.
b) Die Kinder werden rechts und links unter der Achsel gefaßt. Die Mütter drehen sich so schnell, bis die Beine der Kinder durch die Zentrifugalkraft in die Horizontale gelangen.

Nicht zu schnell drehen!

Richtungswechsel!

9. »Grabensprünge«

Die beiden Seile werden schräg zueinander in einiger Entfernung auf den Boden gelegt. Jeder überspringt die Distanz, die er schafft, ohne ein Seil zu berühren.

a) beidbeiniges Springen
b) einbeiniges Hüpfen –
Landung auf beiden Beinen; Landung auf einem Bein
c) Sprünge mit Drehungen
d) Hasenhüpfen

Schwierig!

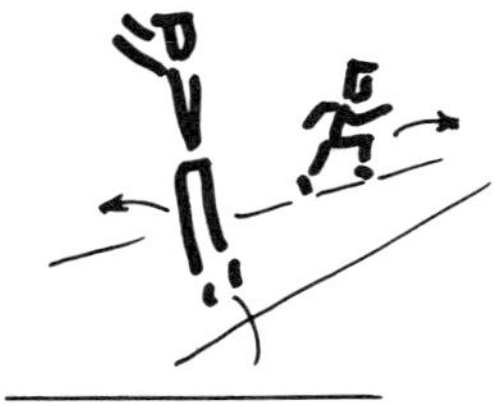

10. »Sprunggarten«

Zwei Mütter (Kinder) knien (stehen) einander gegenüber und halten mit je einer Hand ein Seil gespannt, eines höher, eines niedriger.

a) Übersteigen der Seile, einzeln (beide)
b) Überspringen eines Seiles und unter dem anderen Seil durchkriechen (gegengleich)
c) Hockwende über die Seile

Höhe je nach Können variieren!

11. Schwungseil

Die beiden Sprungseile werden an einem Ende zusammengeknüpft und werden so zum Schwungseil.

Zwei Mütter (Kinder) fassen das Schwungseil an den Enden und schwingen es gleichmäßig hin und her.

a) Die Kinder (Mütter) laufen mit dem schwingenden Seil vor, wenn es den Umkehrpunkt erreicht hat, drehen sie rasch um und laufen zurück.

b) Mit dem vorschwingenden Seil vorwärts-, mit dem rückschwingenden Seil rückwärtslaufen.
c) Mit dem Schwungseil vorlaufen, rasch flach auf den Boden legen, das Seil über den Körper schwingen lassen, rasch aufspringen und davonlaufen.
d) Dem Schwungseil entgegen laufen, es überspringen und rasch davonlaufen.
e) Dem Seil entgegenlaufen, es überspringen und rasch hinlegen. Wenn das Seil rückgependelt ist, aufspringen, es erneut überspringen und weglaufen.

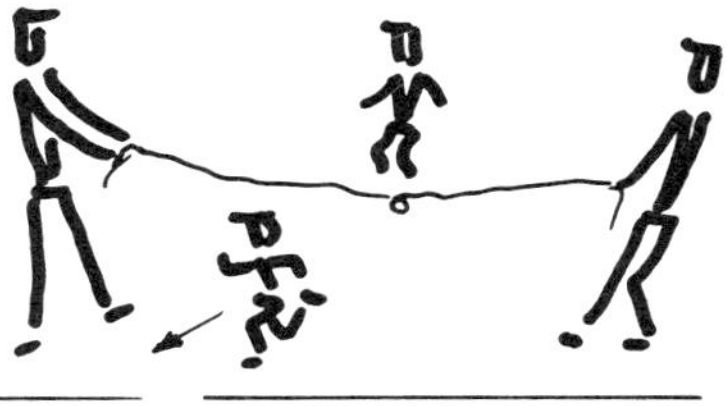

Gute Koordinationsschulung! Schwierig – daher Geduld!

12. »Pferd am Zügel«

Die Mutter (das Kind) legt das Sprungseil um den Kopf (Stirn, Hals, Mund) und wird auf allen vieren laufend am Zügel in den Stall (Garderobe) gelenkt.

Zugspannung beachten und richtig lenken!

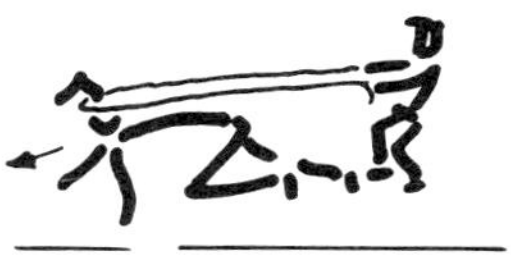

Gymnastikreifen

Mutter und Kind turnen zusammen mit einem Gymnastikreifen. (Auch als Vorführung geeignet.)

1. Dem Reifen nachlaufen

Die Mutter rollt den Reifen weg; Mutter und Kind laufen dem Reifen nach und fangen ihn.

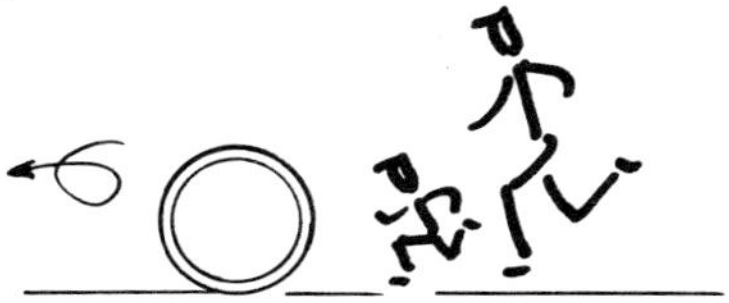

2. Platz finden

Die Reifen liegen im Saal verteilt. Mütter und Kinder laufen mit Handfassung um die Reifen herum, ohne dabei in einen Reifen hineinzusteigen. Auf Kommando »Sitz« setzt sich jedes Paar rasch in einen Reifen auf den Boden.

Der Übungsleiter hat vorher einen Reifen weggenommen, daher findet ein Paar keinen Platz! (Kein Ausscheiden, sondern weiter mitspielen!)

3. Aus- und einsteigen

Der Reifen liegt auf dem Boden.

a) Beide stehen im Reifen, heben ihn gemeinsam über den Kopf, legen ihn neben sich auf den Boden, steigen wieder hinein, usw.

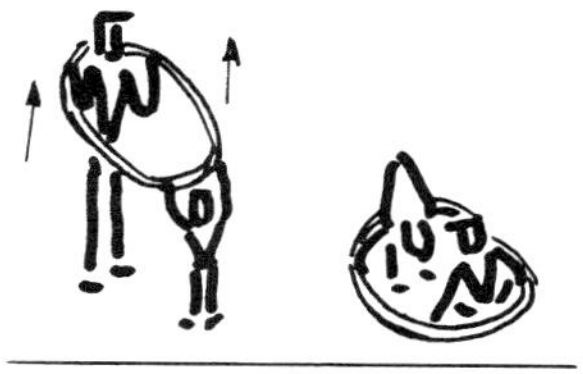

b) Beide stehen neben dem Reifen, heben ihn auf und ziehen ihn über die Köpfe bis zum Boden hinunter. Dann steigen sie wieder heraus und beginnen von neuem.

4. Einfangen

Das Kind hält den Reifen mit beiden Händen und zieht ihn über den Kopf der Mutter bis zum Boden hinunter, so daß diese aussteigen kann.

Einige Male, dann Rollentausch!

5. Hüpfen

a) Der Reifen liegt auf dem Boden: hinein- und heraushüpfen (beidbeinig, einbeinig) mit und ohne Handfassung.
b) Beide fassen den Reifen außen mit beiden Händen und hüpfen im Kreis seitwärts (Galopp, beidbeinig ...).

6. Reifen rollen

Mutter und Kind rollen einander den Reifen zu. Zuerst kleine Abstände, dann immer weiter auseinander gehen!

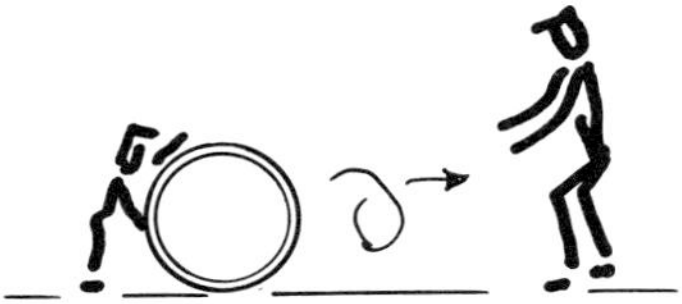

7. Durchschlüpfen

Die Mutter hält den Reifen senkrecht oder schräg. Das Kind versucht durchzuschlüpfen, ohne den Reifen zu berühren.

Wechsel! Das Kind hält den Reifen, die Mutter schlüpft auf allen vieren durch! Wer kann durch den rollenden Reifen schlüpfen?

8. »Rhönrad«

Das Kind steht mit gegrätschten Beinen im Reifen und hält sich mit den Händen am Reifen fest.

a) Die Mutter rollt den Reifen hin und her (nicht zu weit kippen!).
b) Die Mutter dreht den Reifen mit dem Kind um die Mittelachse (= Längsachse des Kindes).
c) Die Mutter hebt den Reifen mit dem Kind etwas an und schaukelt rechts und links seitwärts.

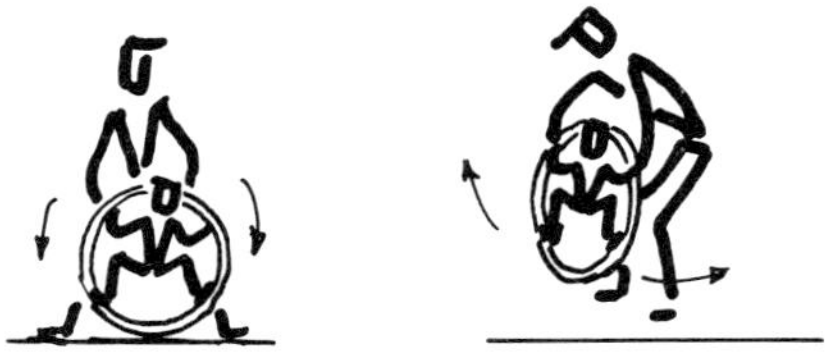

9. Springen

Die Mutter kniet und hält den Reifen schräg. Das Kind überspringt (übersteigt) den tieferen Rand des Reifens und kriecht unter dem höheren Rand durch.

Rollentausch! Dann Reifen waagrecht halten! Höhe je nach Können!

10. Überdrehen

Beide befinden sich in Rückenlage einander gegenüber außerhalb des Reifens. Griff am Reifen und mit den Zehenspitzen den Boden innerhalb des Reifens berühren. Mehrmals wiederholen (gleichzeitig, abwechselnd).

11. Kaffeereiben

Der Reifen liegt auf dem Boden, die Mutter sitzt mit gestreckten Beinen im Reifen. Das Kind erfaßt die Füße der Mutter (ein wenig anheben) und geht damit mehrmals um den Reifen herum!

Rollentausch!

12. Tellerreiben

Beide stehen im Reifen und lehnen sich mit dem Rücken gegen diesen. In dieser Stellung Seitgalopp rechts bzw. links um die gemeinsame Mittelachse. Vorsichtig und langsam beginnen!

13. Kreisel

Die Mutter dreht den Reifen um die Vertikalachse und läßt ihn aus. Beide laufen um den rotierenden Reifen und klatschen in die Hände. Wenn die Reifenbahn niedriger wird, mit gebeugten Beinen weiter laufen, wenn der Reifen liegt, hinsetzen.

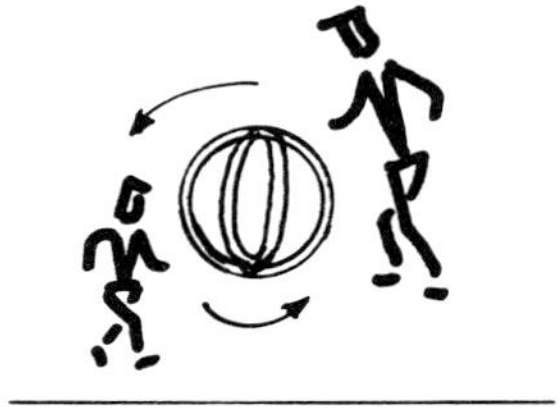

14. Kutscher

Das Kind steht als »Pferd« im Reifen. Die Mutter hält den Reifen von außen und führt so das Kind durch den Saal (vorwärts und rückwärts laufen!).

Nicht zusammenstoßen! – Rollentausch!

»Rhönrad«. Man muß sich fest verspreizen, um nicht herauszufallen. →

Medizinball

Jedes Paar hat einen Medizinball.

1. Wer findet keinen Ball?

Medizinbälle im Saal frei verteilt auflegen, einen Ball weniger als Paare vorhanden sind. Mutter und Kind laufen mit Handfassung zwischen den Bällen herum, ohne anzustoßen. Auf Kommando setzt sich jedes Paar so zu einem Ball, daß sich dieser zwischen ihren gegrätschten Beinen befindet. Wer findet keinen Ball?

Mehrmals spielen! Kein Ausscheiden der Verlierer!

2. Galopphüpfen

Mutter und Kind stehen einander gegenüber (doppelte Handfassung). Der Ball liegt zwischen ihnen. Galopphüpfen links und rechts um den Ball.

Rhythmisch!

3. Abstützen

Beide stehen einander gegenüber und stützen mit den Händen auf dem Ball. Der Medizinball liegt zwischen ihnen.

a) Wechsel zwischen gehockten und gestreckten Beinen (Tempo steigern!).

← *»Reifensteigen«*

b) Wechselhüpfen nach links und rechts mit Stütz auf dem Ball.
c) Mit beiden Beinen soweit es geht rückwärts gehen (Schrägliegestütz), dann wieder vorwärts (mehrmals).
d) Einmal mit den Beinen im Kreis um den Medizinball herumwandern.

3a) 

3a) 

3b) 

Abwechselnd oder gleichzeitig!

3c) 

Vorsicht!

4. Überspringen

a) Übergrätschen – die Mutter springt beidbeinig ab, grätscht die Beine und überspringt so den Ball. Das Kind macht dasselbe, nur mit Unterstützung durch die Mutter (doppelte, einfache Handfassung).
b) Überhocken – wie a), nur mit angehockten Beinen.

Nicht zuviel helfen!

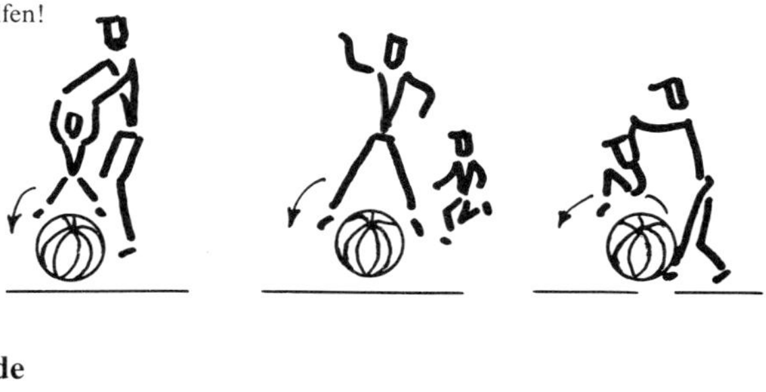

5. Hockwende

Das Kind stützt vor dem Medizinball mit beiden Armen ab und hockt mit den Beinen rechts und links über dem Medizinball. Die Mutter hilft ihm dabei durch Hochziehen an der Hüfte. Wenn das

Kind die Übung allein schafft, dann nicht weiter unterstützen.
Dann turnt die Mutter »Hockwenden«.

6. Schwebesitz

Jeder versucht, ob er auf dem Ball sitzen kann. Zuerst mit Unterstützung durch den Partner, dann allein.

a) Strecksitz
b) Grätschsitz
c) Hocksitz

Vorsicht!

7. Schwebeliegen

Versuchen auf dem Ball zu liegen, Körpermitte (Schwerpunkt) genau über dem Ball. Zuerst mit Hilfe des Partners, dann allein.

a) Bauchlage
b) Rückenlage

Schwierig!

8. Abspringen

Die Mutter hilft dem Kind zum Stand auf dem Ball. Dieses springt mit Hilfe (Handfassung) ab.

Vorsicht! Nach oben springen! Auf keinen Fall allein versuchen!

9. Ballrollen

a) Die Mutter befindet sich im Hocksitz. Das Kind rollt den Ball mit den Händen (Füßen) um die Mutter herum. – Rollentausch!
b) Die Mutter sitzt wieder im Hocksitz. Das Kind versucht, sie mit dem Ball aus einer gewissen Entfernung zu treffen. – Rollentausch!
c) Die Mutter steht, das Kind läßt den Ball hinter ihr vorbeirollen. Die Mutter versucht, wenn der Ball genau hinter ihr ist, sich blitzschnell draufzusetzen. Sehr lustig! – Wechsel nicht vergessen!

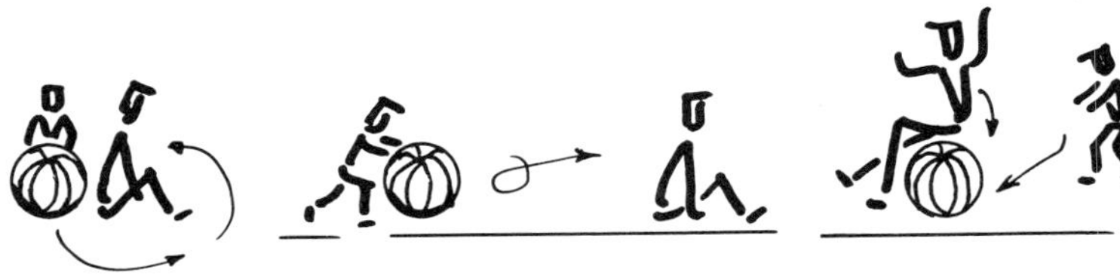

10. Ballreichen

Die Mutter hebt den Ball vom Boden auf und gibt ihn dem Kind. Das Kind legt (wirft) den Ball wieder auf den Boden.

Mehrmals, dann wechseln!

Langsam und vorsichtig!

11. Ball verteidigen

Die Mutter steht vor dem Medizinball. Das Kind versucht, durch Stöße mit der Hand (Fuß) den Ball wegzurollen. Die Mutter verhindert das durch Abschirmen des Balles. – Rollentausch!

Nicht grob sein!

12. Schwieriger Balltransport

Das Kind befindet sich im Grätschliegestütz. Die Mutter tritt zwischen die gegrätschten Beine des Kindes und faßt das Kind unter dem Becken. Das Kind stützt mit den Händen auf dem Medizinball und versucht, diesen so aus dem Saal zu rollen.

Leintücher

Die Mütter werden gebeten, in die nächste Turnstunde alte Leintücher mitzubringen. Mit diesen können sehr nette, abwechslungsreiche und interessante Übungen durchgeführt werden.

Vier Paare pro Leintuch sind am günstigsten. Auch zwei oder drei Paare sind möglich.

1. Herumgehen

Leintuch in Hüfthöhe gefaßt (Mütter), dabei den anderen Gruppen geschickt ausweichen.

2. Herumlaufen

Ohne zusammenzustoßen, einmal »führen« die Mütter, das andere Mal die Kinder.

3. Stehaufmännchen

4 Kinder (4 Mütter) stehen frei nebeneinander, die anderen fassen das Leintuch und gehen (laufen) auf die Stehenden zu, die sich rasch niederlegen müssen, um vom Leintuch nicht berührt zu werden. Wenn das Leintuch »vorbei« ist, stehen sie rasch auf, um zu sehen, von welcher Seite es wieder auf sie zukommt, um sich dann erneut rasch niederzulegen.

Nach einigen Wiederholungen – Rollentausch. Sehr lustig!

4. Das »rettende« Leintuch

Einige besonders gekennzeichnete Fänger (z. B. mit Kappen) laufen frei herum. Wer sich vor dem Fänger retten will, erfaßt schnell ein Leintuch und kriecht darunter. Wenn der Fänger dann einem anderen nachläuft, soll man wieder das »rettende« Leintuch verlassen. Wer abgeschlagen wurde, ist der neue Fänger. (Kennzeichen!)

5. Einfangen

Einer (2, 3, 4) läuft (laufen) davon, die Gruppen mit dem Leintuch hinter ihm her, um ihn damit (über den Kopf, im Eck ...) einzufangen. Wenn mehrere weglaufen, dann müssen sie einander an den Händen halten.

Vorsicht – auch auf die anderen Gruppen achten!

Man kann die »Flüchtenden« (besonders die Mütter) auch auf allen vieren laufen lassen, da die Gruppe mit dem Leintuch ohnedies viel schwerfälliger ist.

6. »Fallschirm«

Die Gruppe steht kreisförmig um das auf dem Boden liegende Leintuch. Jeder erfaßt es mit beiden Händen. Alle heben das Tuch möglichst gleichzeitig hoch und gehen dabei etwas zur Mitte, damit sich das Tuch wie ein Schirm hochwölbt. Wenn es wieder herunterkommt, treten alle wieder nach außen.

7. Platztauschen

Ausgangsstellung wie beim Fallschirm, nur tauschen zwei, nachdem sie das Tuch im höchsten Punkt ausgelassen haben, rasch den Platz, indem sie unter dem Leintuch durchlaufen. Die Anzahl der »Platztauscher« kann von Versuch zu Versuch gesteigert werden.

Vorsicht, nicht zu viele und nicht zu wild!

8. Druntersetzen (verstecken)

Gleiche Ausgangsstellung wie beim Fallschirm, nur setzen sich alle, wenn das Tuch wieder absinkt, rasch nieder und ziehen das Leintuch hinter ihrem Kopf zu Boden. Der Übungsleiter darf keinen Körperteil mehr sehen!

9. »Gespenst«

Wenn alle unter dem Leintuch versteckt sind, werden sie zum Gespenst, das sich auf verschiedenste Art fortbewegt. Da das Gespenst nicht sehen kann, muß es vom Zauberer (einem aus der Gruppe) sorgfältig herumgeführt werden, damit es zu keinen Zusammenstößen mit anderen Gespenstern kommt.

a)

a) kriechen auf allen vieren
b) vorgebeugt gehen
c) aufrecht gehen, auch rückwärts
d) aufrecht hüpfen, möglichst alle gleichzeitig (hopp, hopp ...)

Bei jedem Durchgang wechselt der Zauberer.

Jedes Gespenst kann sich auch durch ein Geräusch bemerkbar machen!

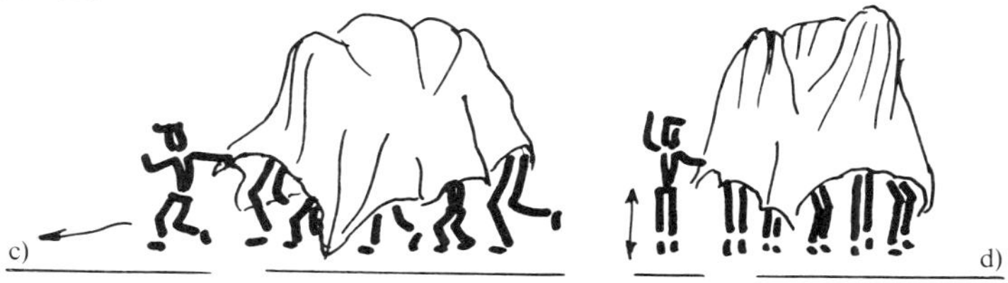

10. »Rütteln«

Alle sitzen (stehen) gleichmäßig verteilt um das Leintuch herum, fassen es beidhändig und halten es vor sich hin. Dann bewegen sie die Arme ungleichmäßig auf und ab, so daß das Leintuch »Wellen« schlägt.

In das so bewegte Tuch werden nun Gegenstände hineingeworfen, die durch das »Rütteln« wieder herausgeschleudert werden sollen (Softbälle, Socken, Turnpatschen ...)

Ein Teil der Gruppe »wirft«, der andere »rüttelt«. Wer gewinnt das Spiel?

Zuerst im Sitzen, dann erst im Stehen probieren.

11. Hindernisbahn

Jede Gruppe rollt ihr Leintuch ordentlich längsseitig zusammen und legt es auf den Boden. Die Leintücher werden in einigem Abstand voneinander aufgelegt.

Die Paare bilden Flankenreihen. Die Leintuchrollen werden nun auf verschiedene Art und Weise überwunden:

a) übersteigen – Knie heben
b) große Schritte – möglichst wenig
c) auf allen vieren – überlaufen
d) Hasenhüpfen
e) Hockwenden

a)

b)

c)

d)

12. Sprungformen

Jede Gruppe nimmt ihr zusammengerolltes Leintuch. Zwei fassen es an den Enden und heben es hoch. Die anderen sollen es auf verschiedenste Art und Weise überspringen (oder unten durchkriechen). Zum Beispiel:

a) einbeinig von vorne mit Landung auf beiden Beinen
b) einbeinig von vorne mit Landung auf einem Bein und sofort weiterlaufen
c) Schersprung (seitlicher Anlauf)
d) beidbeinig überspringen – vorwärts, seitwärts usw.

Variationsmöglichkeiten: Höhe steigern, Leintuch hin- und herbewegen, ungleich hoch halten (Differenzierung).

13. Tauziehen

Das zusammengerollte Leintuch (= Ziehtau) wird von je zwei Paaren an den Enden gefaßt. Sie versuchen die »Gegner« vom Fleck zu ziehen. Es können auch zwei Leintuchgruppen gegeneinander antreten. Die Leintücher werden dabei ineinandergeschlungen.

Die Mütter sollen unbedingt weiter hinten als die Kinder ziehen, sonst gibt es beim unbeabsichtigten Auslassen und Hinfallen leicht Verletzungen!

14. Schubkarren

Einige halten die Leintuchrolle zwischen sich gespannt, die anderen stützen mit den Händen am Boden und legen die Fußriste (Unterschenkel) auf die Rolle. Wenn die Rolle hin- und herbewegt wird, müssen sie mit den Händen vor- oder zurücklaufen (langsam bewegen).

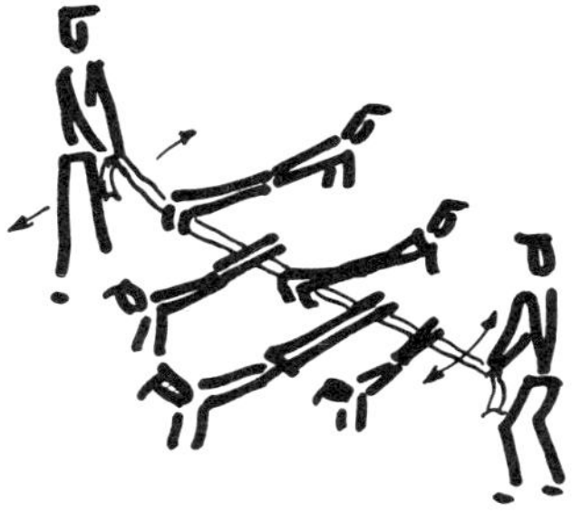

15. Schlangenkopf

Je zwei bilden den Kopf der Schlange. Mit einer Hand halten sie die »Leintuchrolle«, mit der freien Hand dürfen sie abschlagen. Wer abgeschlagen ist, muß sich in der »Schlange« einreihen, das Leintuch fassen und mitlaufen. Abschlagen darf nur der Kopf! Welche Schlange ist am Schluß die längste?

(Verschiedene Schlangenköpfe beginnen lassen – Chancengerechtigkeit – nur Kinder, nur Mütter, nur Paare.)

16. Einwickeln

Einer wird liegend (sitzend) in das Leintuch eingewickelt (eingerollt) und dann wieder ausgewickelt. Man kann das »Paket« auch gemeinsam transportieren. (Transportart freistellen!)

17. Vorhang

Zwei stehen jeweils an den Enden des Leintuchs, das senkrecht gespannt gehalten wird. Durch Drehen um die Längsachse und Mithilfe der anderen wird der Vorhang »aufgewickelt«.

Man kann bei aufgewickeltem Vorhang kleine Szenen spielen lassen (Seiltänzer, Clown, Dompteur, Sänger ... tritt auf). Nach jedem »Akt« muß der Vorhang wieder geschlossen werden!

Das Ganze kann sehr kreativ werden! Eigene Ideen verwirklichen lassen, nicht zuviel eingreifen, anregen genügt meist.

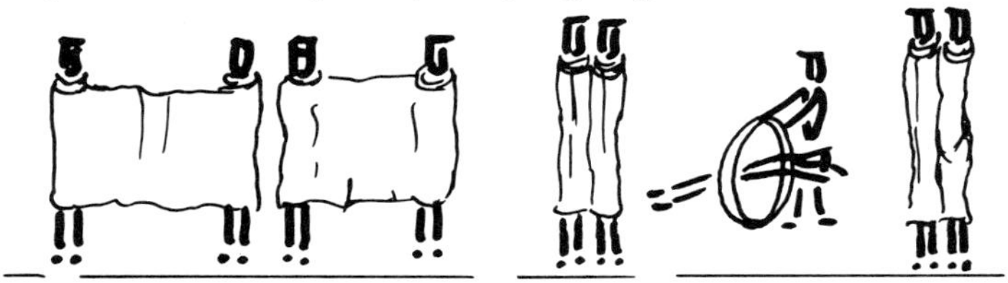

18. Schwingen

Auf das doppelt zusammengelegte Leintuch (Festigkeit) wird ein Kind gelegt. Jeder faßt die etwas eingerollten Leintuchenden an und hutscht (schwingt) den »Insassen« hin und her. (Unter Zugspannung bleiben!)

19. Schlittenfahren

Die Leintücher werden wieder doppelt zusammengelegt. Maximal zwei Personen setzen sich auf das Leintuch, fassen die Zipfel der einen Seite und halten sie etwas in die Höhe. Die übrigen fassen die freien Zipfel und ziehen die Sitzenden in der Halle herum (nur auf glattem Boden möglich). Eine sehr lustige und reizvolle Übung!

20. Ungeheuer aufwecken

Einer sitzt unter dem Leintuch (= Ungeheuer), die anderen sitzen rundherum. Der Übungsleiter sagt dem Ungeheuer leise eine Zahl ins Ohr (z. B. Drei). Dann werden der Reihe nach Personen in die Mitte geschickt, die das Ungeheuer fragen: »Ungeheuer, schläfst du noch?« Das Ungeheuer rührt sich nicht. Erst beim dritten Frager springt es plötzlich auf und versucht den Frager abzuschlagen, ehe dieser z. B. zum Übungsleiter flüchten konnte.

Bei diesem Reaktionsspiel lernen die Kinder gleichzeitig auch mit Zahlen umzugehen.

*

IV. Handgerätekombinationen

Hier wird fachlich weitgehend »Neuland« betreten. Bei einem Mutter-Kind-Lehrgang war einmal fast kein Material vorhanden. Dennoch wurde von mir ein abwechslungsreiches Arbeiten erwartet. Damals machte ich einen ersten Versuch, zwei Handgeräte (Reifen und Ball) miteinander zu kombinieren. Das gute Gelingen bewirkte weitere Versuche, die ebenfalls mit Begeisterung aufgenommen wurden. Das Ergebnis ist in den folgenden Abschnitten aufgezeichnet.

Für die Zusammenstellung der Übungen gelten die gleichen Kriterien, wie sie schon bei den Handgeräten angeführt wurden.

Welche Handgeräte lassen sich sinnvoll miteinander kombinieren?

Welche Grundtätigkeiten lassen sich bei Verwendung der Handgerätekombination verwirklichen?

Welche speziellen Möglichkeiten ergeben sich aus der ungewohnten Kombination?

Manchmal sind bei Handgerätekombinationen nur ganz wenige Übungen möglich, das soll aber kein Grund sein, diese nicht trotzdem einzubauen (z. B. das lustige »Schlittenfahren« bei den Übungen mit Kartons).

Ein Vorteil der Handgerätekombinationen besteht darin, daß die Mütter (Väter) keinerlei Erfahrung im Umgang mit ihnen mitbringen. Die sonst fast immer vorhandene Überlegenheit der Eltern fällt damit weg, und nicht selten sind die Kleinen dann die »Anpassungsfähigeren« und Geschickteren!

Der Abschnitt Handgerätekombinationen soll auch ein Denkanstoß sein. Übungsleiter, Mütter, Väter und Kinder werden dazu aufgefordert, sich ganz neue, reizvolle Kombinationen selbständig einfallen zu lassen!

Doppelturnstab

Mutter und Kind haben je einen Turnstab.

1. Autofahren

Mutter und Kind stehen hintereinander und fassen mit jeder Hand einen Stab. Das so gebildete »Auto« fährt vom »Lenker« gesteuert herum, ohne andere Autos zu beschädigen.

Erster Gang = gehen; zweiter Gang = langsames Laufen; dritter Gang = schnelles Laufen; bremsen = den Vorderen an den Stäben zurückhalten; Rückwärtsgang = rückwärts gehen.

Der hinten Befindliche ist der jeweilige Lenker, der durch Druck mit den Stäben auch die Richtung bestimmt und die »Gänge« ansagt.

Gefühlvoll reagieren!

2. Steigen, springen und schlüpfen

Die Mutter hält mit jeder Hand einen Stab waagrecht in entsprechender Höhe und Entfernung voneinander. Das Kind übersteigt bzw. überspringt den ersten Stab und schlüpft unter dem zweiten durch.

Beim Rollentausch kann das Kind, wenn die Stäbe zu schwer sind, diese auch irgendwo auflegen (z. B. Sprossenwand, Turnbank, Kastenkopf).

Höhen verändern!

Entfernung verändern!

3. Sägen und ziehen

Beide stehen einander gegenüber, beide Stäbe gefaßt.

a) Sägen: Die Arme werden zuerst leicht, dann immer kräftiger vor- und rückgeschwungen. (Die Übung kann auch Rücken an Rücken durchgeführt werden.)

»Hängen am Reifen«. Hier geht es um die Armkraft. →

aus dem Steiger-Verlag

a)  b) 

Rhythmisch!

Erfolgserlebnisse gönnen!

b) Ziehen: Jeder versucht den anderen mit den Stäben zu sich herzuziehen oder ihm die Stäbe aus der Hand zu ziehen.

4. Vor- und rücklegen

Beide im Strecksitz gegenüber und beide Stäbe zunächst an den Enden gefaßt.

a) Wer kann sich mit gestreckten Beinen zurücklegen, bis der Kopf den Boden berührt, ohne die Stäbe auszulassen. Der andere beugt sich einstweilen bei gestreckten Beinen weit vor.
b) Auch ein Körperkreisen ist möglich, die Beine aber dabei grätschen.

Tempo steigern!

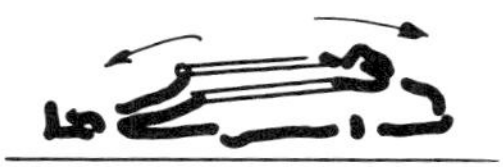

5. Rückrollen und aufstehen

Stand gegenüber, beide Stäbe gefaßt. Stäbe immer unter Zugspannung halten. Einer hockt sich hin und rollt nach hinten, ohne die Stabfassung zu lösen. Beim Vorrollen und Aufstehen hilft der stehende Partner durch Ziehen an den Stäben.

Gut zusammenarbeiten!

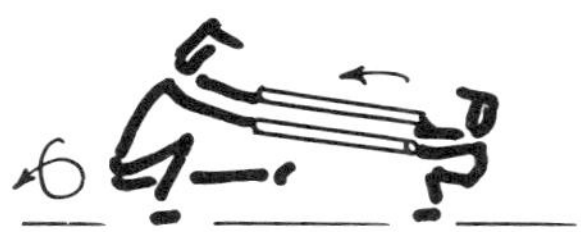

6. Hinken

Stand gegenüber, beide Stäbe gefaßt. Jeder steigt mit einem Bein von außen (innen) über den gefaßten Stab. In dieser Stellung:

a) versuchen, miteinander zu gehen;
b) versuchen, miteinander einbeinig zu hüpfen.

Schwierig!

7. Schlittenfahren

Die Mutter hält beide Stäbe so, daß die freien Enden auf dem Boden aufliegen. Das Kind stellt sich mit den Füßen auf den »tieferen« Teil der Stäbe und faßt mit den Händen weiter oben zu. In dieser Stellung (= Liegestütz nach vorne):

a) die Stäbe unregelmäßig auf- und ab- und auch ein klein wenig auseinander bewegen. Das Kind soll dabei das Gleichgewicht halten und nicht absteigen!
b) Das Gleiche im »Liegestütz rücklings«.
c) Durch Ziehen (oder Schieben) der Stäbe in der Halle hin- und herfahren (schwierig!).

Beide müssen die Stäbe zusammenhalten!

8. Stab rollen

Jeder legt den Stab vor sich auf den Boden. Er soll nun auf verschiedene Art und Weise weitergerollt werden.

a) Mit den Händen vorwärts bzw. rückwärts.
b) Mit den Füßen vorwärts bzw. rückwärts.

c) Ein Stab soll mit Hilfe des anderen Stabes weiterbefördert werden.

9. Stab balancieren

Wer kann den Stab frei balancieren?
a) auf der Handfläche
b) auf dem Handrücken
c) auf dem Unterarm
d) auf dem Fuß, der Schulter ...

Man muß dabei immer das obere Stabende genau beobachten, dann gelingt es besser und schneller. Die Mutter kann auch mit ihrem Stab den Stab des Kindes nach der Seite hin absichern (abstützen). – Geduld!

Nicht aufgeben!
Immer wieder probieren!

10. Stab »durchrutschen« lassen

Jeder faßt seinen Stab ganz unten mit beiden Händen oder mit einer Hand. Bei »Grifflockerung« beginnt der Stab durch die Hände zu rutschen. Er soll durch »Griffschließen« wieder fest gefaßt werden. Wer kann den Stab am längsten rutschen lassen, ohne ihn zu verlieren?

11. Senkrecht hochwerfen und fangen

Der Stab wird senkrecht zum Boden gehalten und ungefähr in der Mitte mit beiden Händen gefaßt. Er soll nun ein kleines Stück hochgeworfen und wieder gefangen werden. Auch einhändig möglich (für Fortgeschrittene).

Abstand halten!

12. Waagrecht hochwerfen und fangen

Der Stab wird waagrecht vor dem Körper gehalten, hochgeworfen und »weich« gefangen. (Mitgehen mit den Händen!)

Vorsichtig beginnen!

13. Stab wegnehmen

Jeder hält seinen Stab mit einer Hand hinter seinem Körper. Mit der freien Hand versucht er den Stab des anderen zu erwischen und wegzunehmen.

Nicht grob sein!

14. Umdrehen und Stab erwischen

Jeder stellt seinen Stab senkrecht vor sich auf den Boden. Er läßt ihn nun aus, dreht sich rasch einmal herum und versucht, den Stab wieder zu fassen, ehe er umfällt.

Wie läßt man am besten aus? Wie greift man am besten zu?

Zuerst genau hinschaun, dann gezielt zupacken!

15. Platz tauschen und Stab tauschen

Jeder stellt seinen Stab senkrecht hin. Dann läßt er ihn so aus, daß er möglichst lange stehen bleibt, läuft schnell zum Stab gegenüber und versucht, diesen zu fassen, ehe er umfällt.

Gleichzeitig auslassen! Einer gibt das Kommando. Laufseite ausmachen! Entfernung steigern! Sehr anregend und interessant!

Reifen und Ball

Mutter und Kind turnen zusammen mit einem Reifen und einem Ball.

1. Zusammenfinden

Beide laufen mit je einem Handgerät beliebig im Saal umher. Auf Zeichen des Übungsleiters sollen sie rasch zusammenfinden, den Rei-

fen auf den Boden legen, den Ball hineinlegen und sich im Grätschsitz (Reifen zwischen den Beinen) gegenüber hinsetzen.

Vorsicht, Zusammenstöße vermeiden. – Die Handgeräte werden unterschiedlich transportiert; z. B.

a) die Mutter trägt den Reifen, das Kind den Ball;
b) die Mutter treibt den Reifen, das Kind rollt den Ball;
c) Handgerätetausch.

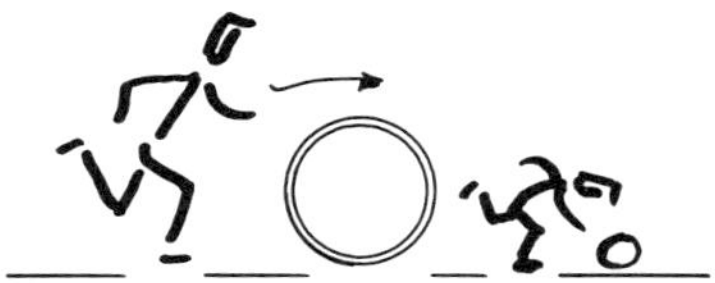

2. »Ballreißen«

a) Beide sitzen einander gegenüber und fassen mit beiden Händen den Reifen von außen. Der Ball liegt zwischen ihnen am Boden. Jeder versucht, den anderen so zu ziehen und zu schieben, daß er den Ball mit den Füßen berühren muß. (Dem Kind auch ein Erfolgserlebnis gönnen!)
b) Gleiche Aufgabenstellung, nur stehen beide innerhalb des Reifens. (Schwieriger!)

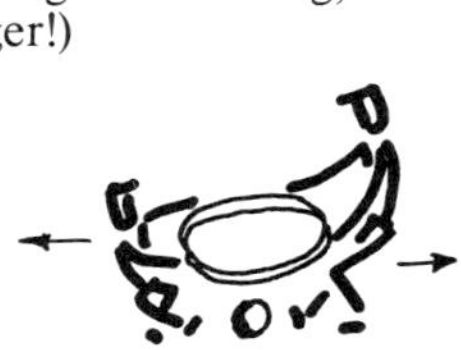

3. Ball-Erwischen

Der Ball liegt im Reifen, die Mutter steht davor, das Kind der Mutter gegenüber. Das Kind versucht den Ball zu berühren und aus dem

Reifen hinauszustoßen. Die Mutter versucht, das durch Abschirmen des Balles mit dem Körper zu verhindern. Rollentausch!

a) beliebiges Hinausstoßen des Balles
b) nur mit dem Zeigefinger hinausstoßen (Täuschungsmanöver!)

4. Abrollen

Die Mutter steht im Reifen, der auf dem Boden liegt. Das Kind steht außerhalb, hält den Ball in der Hand und versucht, die Mutter, die den Reifen nicht verlassen darf, abzurollen. Die Mutter verhindert dies durch Ausweichen und Hochspringen. – Rollentausch!

Es ist vorteilhaft, die Reifen in Wandnähe hinzulegen, sonst rollen die Bälle in der ganzen Halle herum!

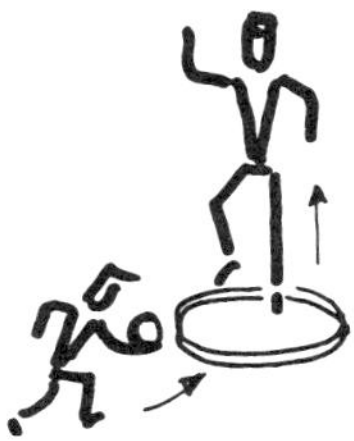

5. Balltransport

Beide fassen den Reifen und versuchen, den am Boden liegenden Ball mit Hilfe des Reifens zur gegenüberliegenden Turnsaalwand und wieder zurück zu:

a) schieben,
b) ziehen,
c) schlagen.

Nicht nur zu zweit – auch einzeln.

6. Ball prellen

Beide stehen außerhalb des Reifens einander gegenüber und prellen den Ball so, daß er innerhalb des Reifens den Boden berührt. Zuerst beidhändig prellen, dann einhändig. Entfernung steigern!

7. Zielwurf

Die Mutter steht beim am Boden liegenden Reifen, das Kind in einer bestimmten Distanz dazu und versucht, den Ball so zu werfen, daß er im Reifen zu Boden fällt. Die Mutter rollt (wirft) den Ball wieder zurück. – Rollentausch!

Verschiedene Wurfformen versuchen, z. B. beidhändig – von unten; beidhändig – über den Kopf; einhändig – von unten; einhändig – über den Kopf.

Distanz richtig wählen!

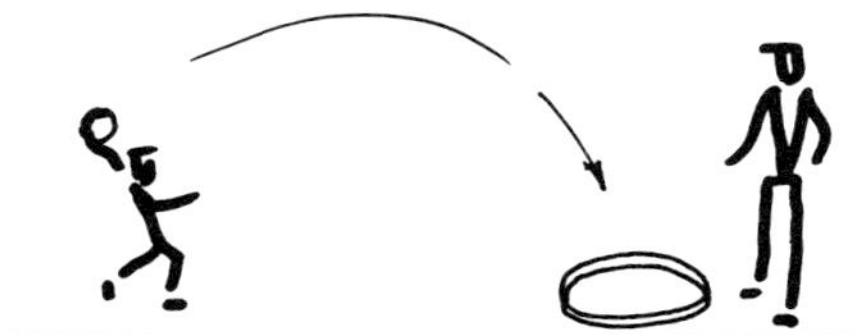

8. Durchkriechen

Die Mutter kniet und hält den Reifen waagrecht in Brusthöhe. Das Kind kriecht auf allen vieren unter dem Reifen durch und treibt den Ball mit der Hand (mit dem Kopf) um die Mutter herum.

Rollentausch!

9. Durchrollen, durchschlüpfen und Ball holen

Die Mutter steht und hält den Reifen senkrecht auf den Boden gestellt. Das Kind rollt den Ball auf verschiedene Arten durch den Reifen (Fuß, Hand, Kopf), schlüpft dann ebenfalls durch und holt den Ball wieder.

Rollentausch nicht vergessen! Nicht zu schnell rollen!

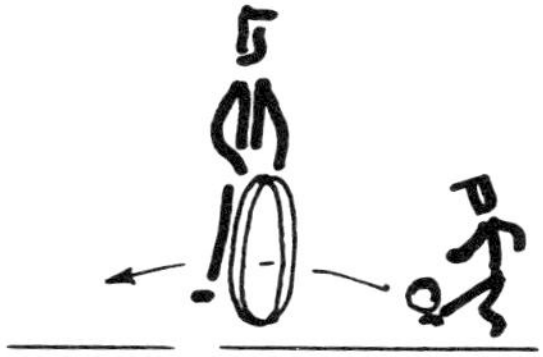

10. Wurfschulung

Die Mutter steht und hält den Reifen nahe der Turnsaalwand. Das Kind wirft den Ball auf verschiedene Weise so, daß er innerhalb des Reifens gegen die Turnsaalwand prellt.

a) beidhändig werfen
b) einhändig werfen
c) im Sitzen werfen
d) im Liegen werfen

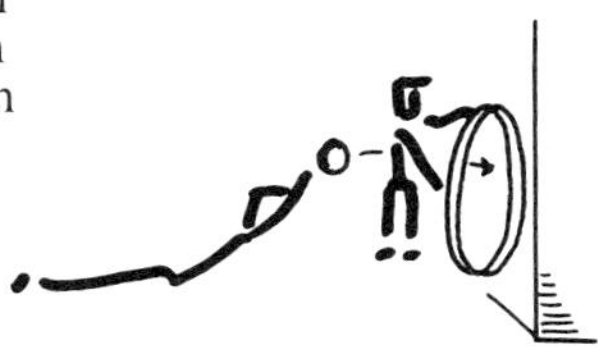

Reifenhöhe ändern! Entfernung steigern! – Dem Kind durch Reifenverschieben Erfolgserlebnisse verschaffen!

11. Fußball

Der Reifen wird an die Wand gelehnt. Beide versuchen, den Ball mit dem Fuß durch den Reifen an die Wand zu spielen.

12. »Ball ins Loch«

Der Ball soll aus einer bestimmten Distanz so gerollt werden, daß er im Reifen liegen bleibt (schwierig!). – Nicht resignieren!

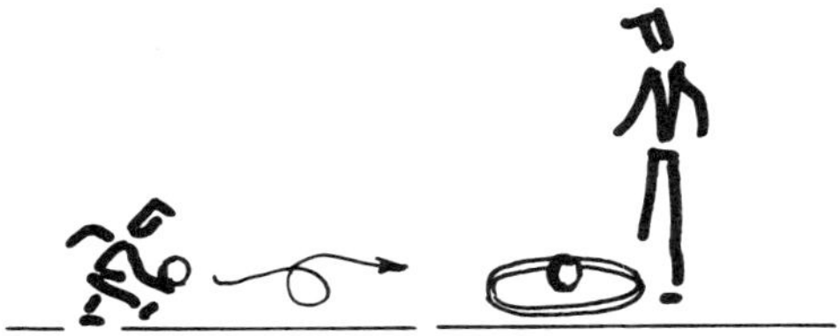

Turnstab und Ball

Mutter und Kind haben miteinander einen Turnstab und einen Ball (Gymnastikball).

1. Abrollen

Das Kind hält den Turnstab wie ein Steckenpferd zwischen den Beinen und läuft frei in der Halle herum. Der Stab wird dabei am oberen Ende mit einer Hand von oben umfaßt (Sicherheitsgriff). Die

Mutter rollt den Ball mit der Hand am Boden und versucht, das davonlaufende Kind an den Beinen zu treffen.

Rollentausch. – Dem Kind nicht zu weit davonlaufen. »Locken« und Tempo wechseln.

2. Ball durchtreiben

Die Mutter (das Kind) befindet sich auf allen vieren. Das Kind (die Mutter) soll den Ball mit Hilfe des Stabes unter der Mutter (dem Kind) durchtreiben.

a) Bankstellung
b) Grätschwinkelstütz
c) Liegestütz rücklings

Um das Ganze noch interessanter und schwieriger zu gestalten, soll sich der »Vierfüßler« weiterbewegen.

Becken hoch!

3. Kippen

Das Kind befindet sich im Strecksitz. Es hat den Ball fest zwischen den Füßen eingeklemmt und hält den Stab mit beiden Händen über den Kopf. Die Mutter faßt den Stab und kippt das Kind nach hinten. Dieses soll dabei weder den Ball verlieren, noch den Winkel zwischen Beinen und Rumpf aufgeben, also ganz steif bleiben. – Rollentausch!

Die Mutter darf dabei nicht zu weit gekippt werden!

Mehrmals versuchen! Schwierig!

4. Kegeln

a) Einer steht im Grätschstand und hält den Stab senkrecht zwischen den gegrätschten Beinen. Der andere soll aus einiger Entfernung den Stab mit dem Ball abrollen (= abkegeln).
b) Der Stab wird gegen die Wand gelehnt. Wenn er abgekegelt wurde, fällt er um. Der andere steht daneben und stellt ihn schnell wieder auf.

Wer erfindet andere Kegelformen? – Zum Beispiel verkehrt stehen und zwischen den Beinen hindurch ...

5. Billardspielen

a) Das Kind steht im Grätschstand, am besten in Wandnähe. Die Mutter hat den Ball vor sich liegen und soll ihn durch einen »Billardstoß« zwischen den gegrätschten Beinen des Kindes hindurchbefördern. – Rollentausch. Entfernung dem Kind entsprechend.
b) Der Ball kann auch mit waagrecht und quergehaltenem Stab gespielt (gestoßen) werden.

Abstand festlegen!

6. Aufbäumen

Mutter und Kind liegen in Bauchlage gegenüber. Jeder hält sein Stabende mit beiden Händen. Der Ball liegt knapp neben dem Stab. Beide heben nun den Stab über den Ball auf die andere Seite. Dabei soll weder der Ball berührt, noch mit den Ellbogen am Boden aufgestützt werden.

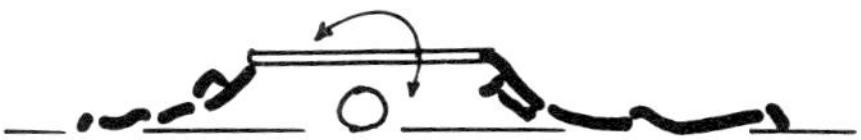

7. Umdrehen

Das Kind liegt in Rückenlage. Es hält den Stab mit beiden Händen über den Kopf nach hinten. Zwischen den Füßen hat es den Ball eingeklemmt. Die Mutter faßt den Stab und dreht das Kind damit in die Bauchlage. Der Ball soll dabei nicht verlorengehen. Dann wird das Kind wieder in die Rückenlage zurückgedreht. Einmal links herum, einmal rechts herum!

Beim Rollentausch hilft die Mutter bei der Drehung selbständig mit!

Stab ganz fest fassen! Langsam beginnen!

8. Häschen hüpfen

Der Ball wird zwischen den Füßen eingeklemmt und der Stab quer vor die Hände gelegt. In dieser Stellung soll über den Stab auf den Boden gegriffen und mit den Füßen samt Ball über den Stab nachgehüpft werden.

Wer kann es öfter fehlerfrei?

Weit genug vorgreifen!

9. Ball wegstoßen

Beide stehen Rücken an Rücken, die Beine gegrätscht, den Oberkörper tief vorgebeugt. Zwischen den gegrätschten Beinen halten sie den Stab mit beiden Händen. Genau vor dem Stabende der Mutter liegt der Ball. Das Kind soll versuchen, durch kurze Stöße mit dem Stab den Ball zu treffen. Die Mutter muß trachten, durch blitzschnelles Ablenken des Stabes einen Treffer zu verhindern.

Nach einigen Versuchen ist Rollentausch! – Sehr lustig und interessant.

Rasch reagieren!

10. Umdrehen und treffen

Die Mutter hat den Stab senkrecht vor sich auf den Boden gestellt. Das Kind steht in angemessener Entfernung mit dem Ball in der Hand. In dem Augenblick, in dem die Mutter den Stab ausläßt, sich umdreht und versucht, ihn wieder zu erwischen, ehe er umfällt, darf das Kind mit dem Ball den Stab treffen und so das Wiederfassen verhindern.

a) Der Ball muß gerollt werden.
b) Der Ball darf geworfen werden.

Abstand festlegen!

Beim Rollentausch nicht zu scharf rollen bzw. werfen!

11. Zugmaschine

Das Kind sitzt und faßt den Ball mit beiden Füßen und hebt diese etwas vom Boden ab. Den Stab hält es waagrecht mit hochgehobenen Armen. Die Mutter faßt den Stab und zieht Stab, Kind und Ball in der Halle herum.

Nur bei glattem Hallenboden möglich!

Gut festhalten!

Frisbee und Softball

Die Kombination von neuen »Handgeräten« ist besonders reizvoll. Die folgenden Beispiele sind erste Anregungen, die vor allem zum Selbst-Erfinden ermuntern wollen.

Pro Paar sollten mindestens eine Frisbeescheibe und ein kleiner Softball zur Verfügung stehen. (Auch kleine Stoffbälle oder alte Tennisbälle sind möglich, die Tennisbälle eignen sich aber nicht für alle Übungen.)

1. Herumgehen – Herumlaufen – Herumhüpfen

Die Mutter und das Kind fassen mit je einer Hand die Frisbeescheibe, in der ein Softball liegt. Durcheinandergehen (laufen, hüpfen), ohne den Ball zu verlieren und ohne zusammenzustoßen. Frisbeescheibe dabei auch auf- und abbewegen!

Die folgenden Übungen werden von »Wand zu Wand« durchgeführt. Einmal übt die Mutter, dann das Kind. Auf diese Weise kommt es zu einem »Intervallüben«, einer Form, die dem natürlichen Bewegungsverhalten der Kinder besonders entspricht.

Wenn für jede Person ein Frisbee und ein Softball zur Verfügung stehen, dann kann auch gleichzeitig geübt werden.

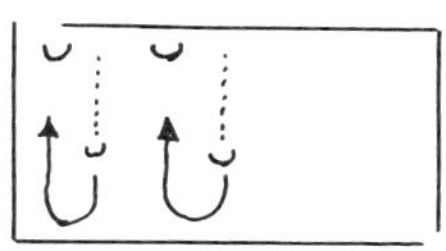

2. Servieren

Der »Leberknödel« (Softball) wird im »Teller« (Frisbeescheibe) auf verschiedene Weise hin- und hertransportiert und übergeben. Mit einer Hand (beiden Händen):

a) vorwärtsgehend (laufend)
b) rückwärtsgehend
c) mit Drehungen
d) die Scheibe auf den Fingerspitzen balancierend (»Kellner«)

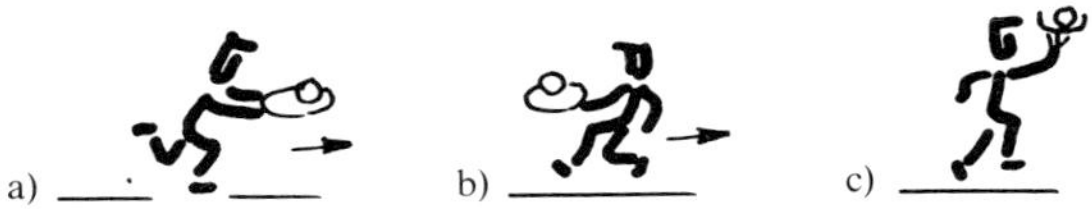

3. Schupfen

Zuerst im Stehen, dann in der Bewegung den »Knödel« leicht hochschupfen und so auffangen, daß er nicht zu Boden fällt.

4. Rollen

Der Softball liegt am Boden und wird mittels Frisbeescheibe weiterbefördert.

a) vorwärtsschieben mit dem Scheibenaußenrand
b) rückwärtsziehen mit dem Scheibeninnenrand
c) vorwärtstreiben durch Schläge mit der senkrecht gehaltenen Scheibe

5. »Tennis spielen«

Den Ball hochwerfen (oder aufprellen) und versuchen, ihn in der

Luft mit der Scheibe so zu treffen, daß er zur gegenüberliegenden Wand fliegt.

Mutti schlägt, und das Kind holt den Ball, dann Rollentausch.

6. »Wedeln«

Die Frisbeescheibe wird senkrecht gehalten, und zwar knapp an den Ball. Durch rasche Handbewegungen rechts und links (»Wedeln«) wird ein Luftzug erzeugt (»Wind«), der den Ball vorwärts treibt.

Gar nicht so einfach! Es funktioniert nur, wenn die Softbälle leicht genug sind (sonst Tischtennisbälle oder Watte verwenden). Es ist besser, zuerst die Mütter vorzeigen zu lassen, dann erst sollen die Kinder probieren.

7. Balancieren

Die Frisbeescheibe mit dem darin befindlichen Ball wird, ohne sie zu halten, auf verschiedene Weise zur anderen Wand transportiert. Die Art des Rücktransportes wird freigestellt (eigene Einfälle, bevorzugte Spielformen ...).

a) Auf allen vieren – rücklings vorwärts (rücklings rückwärts). Die Frisbeescheibe liegt auf dem Bauch.

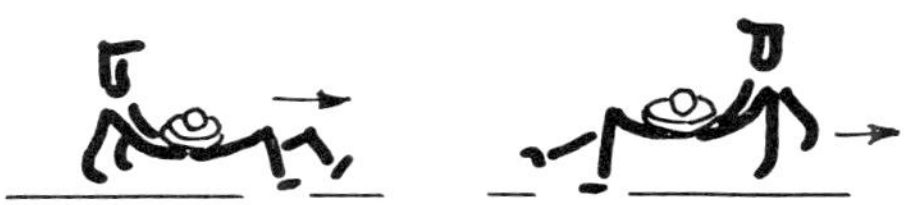

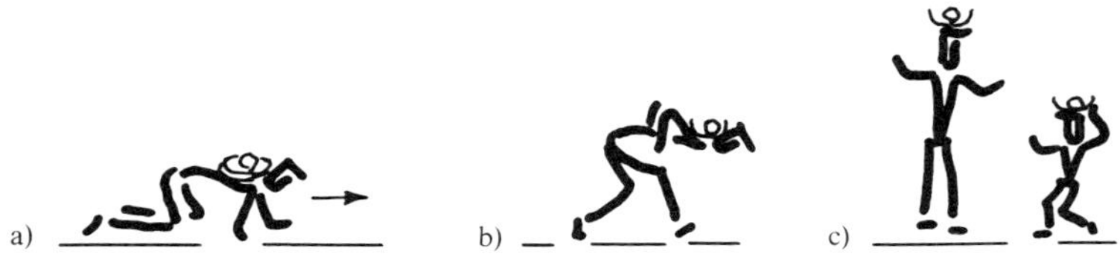

b) Auf allen vieren kriechend – vorlings vorwärts (vorlings rückwärts). Die Scheibe liegt am besten in der Nackengegend bei angehobenen Schulterblättern (Mulde).
c) Vorgebeugt gehen – Scheibe mit Ball im Nacken. (Ellbogen anheben, dann geht es leichter!)
d) Im Stehen (oder vorsichtigem Gehen) Scheibe mit dem Ball auf den Scheitel legen (schwierig). Die Kinder dürfen auch mit einer Hand nachhelfen!

8. Kegeln

a) Die Frisbeescheibe liegt in einiger Entfernung. Der Ball wird hingerollt und soll die Scheibe treffen.
b) Der Ball liegt in einiger Entfernung. Die Frisbeescheibe wird geworfen und soll den Ball treffen. – Der Partner steht neben dem »Ziel« und rollt den Ball (bzw. wirft die Scheibe) wieder zurück. Einige Versuche, dann Rollentausch.

9. Zielwerfen

Die Frisbeescheibe liegt mit der gewölbten Seite nach unten am Boden. Der Ball soll auf verschiedene Weise und aus immer größerer Entfernung so geworfen werden, daß er in die »offene« Scheibe fällt.

10. »Apportieren«

a) Im Stehen –
die Scheibe wird mit dem gekrümmten Rand zwischen Kinn und Brust so eingeklemmt, daß der Ball nicht herausfällt. In dieser Stellung langsam (schnell) gehen oder laufen.

b) Auf allen vieren –
die Scheibe wird mit den Zähnen gefaßt, waagrecht gehalten und der Ball so transportiert.

11. Behinderter Gang

Die Scheibe wird auf den Scheitel gelegt und der Softball zwischen den Knien eingeklemmt. Ohne eines der beiden zu verlieren, soll man vorwärtsgehen.

Wer schafft die weitere Strecke – die Mutter oder das Kind?

V. Turnen und Spielen an Großgeräten

Die fortschreitende Einengung des natürlichen Lebensraumes bringt es mit sich, daß die Kinder, vor allem in der Stadt, die Grundtätigkeiten des Steigens und Klimmens, des Balancierens und Gleichgewichthaltens, des Kletterns und Hangelns kaum mehr erproben können. Oft ist nicht einmal ein freies Spiel vor dem Haus ohne Gefährdung der Kinder oder Störung anderer möglich.

Das Turnen und Spielen an Großgeräten in Turn- und Sporthallen ist dann die einzige sinnvolle Möglichkeit, die zur Vollentwicklung unbedingt notwendigen Bewegungsreize zu setzen.

Das Mutter-Kind-Turnen bietet ganz wesentliche Vorteile im Gegensatz zum bloßen Kleinkinderturnen. Die Erwachsenen bewältigen den dazu notwendigen fachgerechten Geräteaufbau und Abbau rasch und problemlos. Die Kinder dürfen dort mithelfen, wo es möglich und sinnvoll ist. Auf entsprechende Absicherung durch Matten und Weichböden und auf die Überprüfung von Verriegelungen, Verschlüssen und Befestigungen ist zu achten!

Ein weiterer Vorteil ergibt sich aus der »Dolmetschfunktion« der Eltern den Kindern gegenüber. Die Eltern verstehen die vom Übungsleiter verwendeten Fachausdrücke und Aufgabenstellungen. Sie können Anweisungen sofort umsetzen und Übungen, wenn nötig, auch vorzeigen. Nach einigen Wiederholungen haben auch die Kinder die Zuordnung der Begriffe gelernt und können damit umgehen.

Die richtig gestellte Bewegungsaufgabe ist dabei die zielführendste Maßnahme. Sie erfordert und fördert die eigene Initiative, das Mitdenken, das Probieren und das Variieren. »Wer kann?« ist dabei die am häufigsten gestellte Frage!

In der Praxis zeigt sich immer aufs Neue, daß Geräte und Gerätekombinationen, die der Phantasie der Kinder Raum lassen, die variabel in ihrer Anwendung sind, die Reiz- und Aufforderungscharakter haben und eine Übungssteigerung ermöglichen, am beliebtesten sind.

Faszination geht aber nicht nur vom Gerät aus, auch der Raum, die Übungsstätte wirken durch ihre Atmosphäre.

Schon nach kurzer Zeit merkt man die Gewöhnung und Vertrautheit mit der Übungsstätte am Bewegungsverhalten der Kinder.

Ich habe versucht, die nachfolgenden spezifisch auf das Mutter-Kind-Turnen abgestimmten exemplarischen Beispiele zum Turnen und

Spielen an Großgeräten, wiederum nach ihrem Schwierigkeitsgrad, ihrer Komplexität und den in ihnen steckenden Möglichkeiten zu ordnen.

Natürlich lassen sich diese Beispiele nur in richtigen Turn- und Sporthallen durchführen.

Ein Türreck, Ringe, eine Sprossenwand, eine Turnbank oder ein Turnbrett zum Einhaken im Kinderzimmer, ja selbst ein Stockbett, an dem man herumturnen und herumklettern darf, bedeuten für die Bewegungsentwicklung des Kindes durch ihre ständige Verfügbarkeit oft wesentlich mehr. Leider wissen das viel zu wenig Eltern, und noch weniger haben es in die Tat umgesetzt.

Bei den Turnstunden erkennt man am Bewegungsverhalten der Kinder sofort, ob sie auch daheim entsprechende Möglichkeiten vorfinden oder nicht.

In jedem Fall aber kann die Turnstunde durch einen geschickten, engagierten, phantasievollen und geduldigen Übungsleiter zu einem besonderen Erlebnis für alle werden.

Sprungkastenrahmen

Die Sprungkastenrahmen werden so in der Halle verteilt, daß für jedes Paar ein Rahmen zur Verfügung steht. Am günstigsten sind Sprungkastenrahmen von trapezförmigen Sprungkästen (ÖNORM S 4629, Form A) wegen ihrer Kippstabilität.

1. Häuschen suchen

Bei diesem belebenden Spiel wird ein Kastenrahmen weniger aufgelegt, als Paare mitspielen. Alle Paare gehen (laufen) zwischen den Rahmen herum. Auf Zuruf sucht sich jedes Paar rasch ein Häuschen (= Kastenrahmen) und setzt sich hinein.

Welches Paar bleibt übrig? (Kein Ausscheiden aus dem Spiel!) – Mehrmals durchspielen!

2. Schwieriges Gehen

Mit einem Bein innerhalb, mit einem außerhalb des Kastenrahmens aufsetzen.

a) vorwärtsgehen – eine »Runde«
b) rückwärtsgehen

3. Trittrollerfahren

Mit einem Bein auf dem Kastenrahmen und mit dem anderen auf dem Boden gehen. Beinwechsel nicht vergessen!

a) vorwärtsgehen
b) rückwärtsgehen

4. Übersteigen

Von außen bzw. von innen mehrmals den Kastenrahmen übersteigen. Die Füße (Knie) dabei besonders hoch heben.

5. Hineinspringen – herausspringen

Auf den Rahmen steigen und dann abspringen.

a) einbeiniger Absprung vom Rahmen
b) beidbeiniger Absprung vom Rahmen

6. Überspringen

Mit und ohne Hilfe soll der Kastenrahmen übersprungen werden.

a) beidbeiniger Absprung
b) einbeiniger Absprung

Gefühlvoll helfen!

7. Vierfüßer

Den Rahmen in verschiedenen Richtungen auf allen vieren überqueren.

a) Rahmenberührung erlaubt
b) ohne den Rahmen zu berühren

8. Seiltänzer

Auf der Rahmenkante

a) stehen
b) vorwärtsgehen
c) rückwärtsgehen
d) seitwärtsgehen

Immer zuerst mit Hilfe, dann ohne Hilfe versuchen.

Wer steht (geht) länger, ohne herunterzufallen? Wenn man mehrere Rahmen aneinanderschiebt, kann das »Seil« verlängert werden!

9. Ziehkampf

Der Sprungkastenrahmen liegt auf dem Boden. Die Mutter steht an einer Schmalseite, das Kind an der anderen. Jeder versucht den Rahmen zu sich herzuziehen.

Zeitweise nachgeben – Erfolgserlebnis!

10. Schiebekampf

Aufstellung wie beim Ziehkampf, nur versucht jeder, den Rahmen dem Gegenüber zuzuschieben. Auch im Sitzen mit den Beinen oder mit dem Rücken zum Rahmen möglich!

Dem Kind auch kleine Erfolgserlebnisse gönnen!

11. Einsperren

Das Kind befindet sich innerhalb des Kastenrahmens, die Mutter außerhalb. Das Kind versucht, aus dem Rahmen zu flüchten, die Mutter versucht, dies durch Sperren mit den Armen und dem Körper zu verhindern. – Rollentausch nicht vergessen!

Schnell reagieren!

12. Rudern

Beide sitzen hintereinander im Grätschsitz innerhalb des Rahmens. Durch Vor- und Rücklegen des Oberkörpers wird »gerudert«.

Bei glattem Boden ist auch ein Vorwärtsbewegen mit dem Rahmen möglich.

Gleichzeitig und rhythmisch!

13. Drehhocke (»Hockwende«)

Die Hände stützen zunächst »über Eck« am Sprungkastenrahmen ab.

a) Beide Beine außerhalb des Rahmens – über Eck mit gehockten Beinen hin- und herhüpfen.
b) Mit beiden Beinen über den Rahmen hineinspringen und wieder in die Ausgangsstellung zurückspringen.
c) Dasselbe, aber über die andere Rahmenseite (= über Eck) herausspringen.

d) Mit den Händen außerhalb des Rahmens »über Eck« auf den Boden greifen. Mit gehockten Beinen über den Rahmen hinein und »über Eck« wieder herausspringen (= Drehhocke).

Mit und ohne Hilfe.
Geschickte Kinder (und die Mütter) schaffen die Drehhocke gleich über beide Rahmenteile.

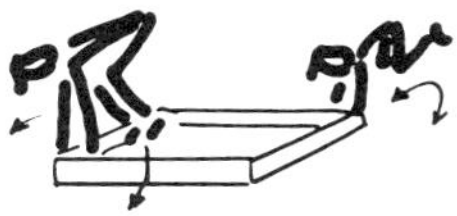

14. »Radschlagen«

Die folgenden Übungen eignen sich sehr gut zur Vorbereitung des Handstützüberschlages seitwärts (»Rad«). Die Hände stützen zunächst wieder »über Eck« auf dem Rahmen ab.

a) Beine nach außen – von einem Bein auf das andere springen.
b) Beine dabei weit öffnen.
c) Beine weit öffnen und dann weiterdrehen.
d) Drehung an der Hüfte unterstützen. Die Mutter steht dabei im Kastenrahmen.

Hüfte hochziehen!

Für die folgenden Übungen gehen je zwei Paare zusammen und stellen einen Sprungkastenrahmen hochkant auf (siehe Zeichnung).

15. Hängen

Die Mütter halten den Rahmen links und rechts fest. Unten kann der Kastenrahmen mit den Beinen fixiert werden.

a) Die Kinder hängen und heben die Beine (gehockt, gestreckt).

b) Wer kann den oberen Rand des Rahmens mit den Füßen berühren? (Handabsicherung)
c) Wer kann ein wenig vor- und rückschwingen? (am besten gegengleich)
d) Wer kann ganz kurze Zeit »einarmig« hängen?

Wer erfindet andere Übungen?

16. Klettern

Die Kinder erklettern mit Unterstützung durch die Mütter die Kastenrahmen.

a) Wer traut sich oben zu sitzen?
b) Wer traut sich oben zu stehen?

Gut fixieren und absichern!

17. Schwebestehen und tragen

Die Mütter fassen den Rahmen an der Schmalseite vorne und hinten an. Die Kinder stellen sich im Grätschstand auf den Rahmen mit Blick zur Mutter und halten sich an deren Schultern an. Die Mütter heben nun den Rahmen bis in Hüfthöhe.

a) Stehen – wer traut sich mit einer Hand auslassen? Wer mit beiden?
b) Die Mütter gehen im Saal herum (vorwärts, rückwärts). Hier sollte die Schulterfassung unbedingt beibehalten werden!

Wer erfindet andere Transportformen?

Turnmatten

Pro Matte turnen am besten vier Mütter und vier Kinder.

1. Verkehrsregelung

Vier Matten werden in Form eines Quadrates aufgelegt. Mütter und Kinder stehen (sitzen, liegen) auf ihrer Matte. Je nach Verkehrsregelung (= Armzeichen des Übungsleiters) erfolgt der Wechsel von Matte zu Matte. Auch ein diagonales Wechseln ist möglich.

Vorsicht – Zusammenstöße!

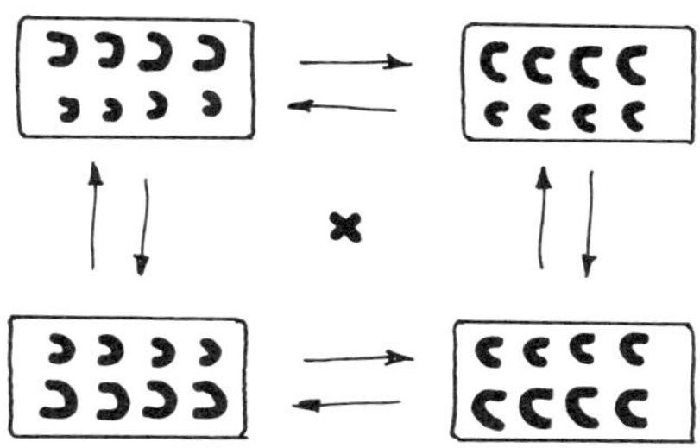

a) vorwärtsgehen, vorwärtslaufen
b) rückwärtsgehen
c) auf allen vieren – vorlings vorwärts; vorlings rückwärts; rücklings vorwärts; rücklings rückwärts

2. Mattenkreisen

Die Matte wird von allen rundherum angefaßt und auf Hüfthöhe der Mütter angehoben. In dieser Stellung wird so gegangen, daß die Matte sich um den Mittelpunkt dreht.

a) Seitstellschritte
b) Seitgalopp
c) laufen

Richtungswechsel nicht vergessen!

Tempo allmählich steigern!

3. Mattenkreisfangen

Aufstellung wie beim Mattenkreisen. Eine Mutter (oder ein Kind) läßt die Matte aus und tritt einen Schritt zurück. Sie soll nun die auf der anderen Seite der Matte gegenüber befindliche Person fangen. Dabei darf nur um die Matte herumgelaufen werden. Der »Mattenkreis« schützt diese Person durch Mitdrehen.

Der Kreis darf nicht zu schnell drehen!
Der Fänger soll oft die Richtung wechseln!

Mehrmals versuchen! Den Fänger wechseln! Für den Fänger ist ein Richtungswechsel selbstverständlich erlaubt!

4. Aufsetzen und niederlegen

Alle sitzen rund um die Turnmatte im Strecksitz und stecken die Beine bis zur Hüftbeuge unter die Matte (= zudecken). In dieser Stellung legen sich alle nieder. Beim Aufsetzen werden die Arme fest nach vorne geschwungen und alle klatschen kräftig und gleichzeitig mit den Händen auf die Matte.

Tempo angeben und langsam steigern!

Rücklegen – aufsetzen – und klatschen!

5. Aufbäumen

Alle befinden sich in Bauchlage und haben die Matte bis zum Gesäß auf den Beinen liegen. In dieser Stellung heben sie den Oberkörper und die vorgehaltenen Arme vom Boden hoch (= aufbäumen) und lassen sich dann gleichzeitig wieder auf den Boden zurückfallen.

Wieder Tempo aufnehmen und steigern. (Hoooooch – und – ab!)

6. Wechselhüpfen

Alle stehen im Kreis mit gegenseitiger Handfassung um die Matte herum (Blick nach innen). Ein Fuß ist auf der Matte, der andere auf dem Boden. Wechselhüpfen, so daß das Mattenbein ständig wechselt.

a) Wechselhüpfen am Ort.
b) Wechselhüpfen mit Weiterbewegen rechts (links) herum.

Abermals rhythmisch – mit Temposteigerung!

Singen dazu!

7. Herunterziehen

Die Mütter liegen (sitzen) auf der Matte. Die Kinder versuchen nun sie von der Matte herunterzuziehen, sollen aber dabei die Matte nicht betreten. Die Mütter dürfen sich gegenseitig festhalten.

Rollentausch! Nicht grob sein!

Zusammenarbeiten!

8. Hinaufkommen

Die Mütter sitzen (stehen) auf der Matte. Die Kinder befinden sich außerhalb der Matte und versuchen ebenfalls hinaufzukommen. Die Mütter verhindern dies durch Abwehren mit den Händen (bzw. mit den Füßen). – Vorsicht! Nicht treten!

9. Sprungtuch

Die Matte wird von den Müttern schräg gehalten. Die Kinder laufen an, springen ab und lassen sich mit dem ganzen Körper in das »Sprungtuch« fallen. – Sehr freudvoll!

10. Schaukeln

Die Matte wird von allen waagrecht gehalten. Ein oder zwei Kinder liegen auf der Matte und werden geschaukelt. – Oftmaliger Wechsel!

11. Kniegang

Mütter und Kinder gehen in den Kniestand und in dieser Stellung mehrmals über die Matte.

12. Wälzen

In Bauchlage der Länge nach seitwärts über die Matte rollen (= wälzen).

a) Arme dabei in Hochhalte
b) Arme an den Körper angelegt
c) Arme angelegt und Beine gehockt

Vorsicht, Schwindel!

13. Rollen

Aus dem Hockstand vorwärtsrollen. Je nach dem Können mit oder ohne Unterstützung durch die Mutter. (Eventuell schiefe Ebene – Sprungbrett!)

14. Tunnel

Die Matte wird zu einem Tunnel »hochgebogen«. An jedem Mattenende steht eine Mutter. Sie hält die Mattenmitte mit beiden Händen und verhindert mit ihren Füßen ein Auseinanderrutschen der Mattenenden (Grätschstand). Die Kinder (und Mütter) kriechen durch den Tunnel durch. Die Mütter können den Tunnel auch überspringen!

Vorsicht, weit genug vom Tunnel entfernt zurücklaufen!

15. Zudecken

Alle Kinder legen sich eng nebeneinander auf den Boden. Die Mütter nehmen die Matte und decken die Kinder so zu, daß man kein Kind mehr sieht. – Rollentausch nicht vergessen!

Behutsam zudecken!

16. Elefant

Vier Mütter gehen in Bankstellung, zwei vorne, zwei hinten, eng nebeneinander. Nun wird eine Matte über sie gelegt (= Elefantenkörper). Ein Kind legt sich vorne in der Mitte über die Matte und läßt die Arme herunterhängen (= Rüssel). Ein anderes Kind läßt hinten die Arme (oder Beine) herabhängen (= Schwanz). Ein Kind sitzt in der Mattenmitte im Türkensitz (= Elefantenwärter). Ein Kind steht außen, hält einen »Mattenzipfl« und führt den »Elefanten« in der Halle herum.

Welche Gruppe hat den schönsten Elefanten? Welcher Elefant kann am weitesten marschieren? Welcher Elefant kann ein Kunststück?

Langsam beginnen! »Gleichschritt«!

Turnbank

Die Übungen lassen sich durch unterschiedliche Anordnungen der Turnbänke abwechslungsreicher und zum Teil auch schwieriger gestalten.

Aufstellungsbeispiele

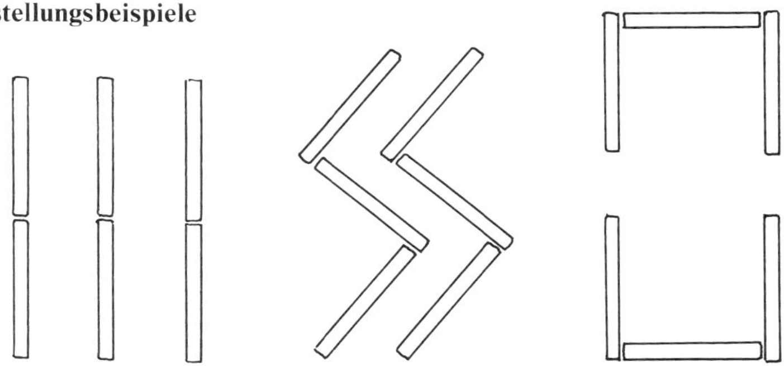

1. Gehen

a) Die Mutter geht auf einer Seite, das Kind auf der anderen Seite mit Handfassung.
b) Das Kind geht auf der Bank, die Mutter daneben. Mit bzw. ohne Handfassung. – Rollentausch!
c) Beide gehen auf der Bank hintereinander, einmal das Kind vor der Mutter, dann umgekehrt. Mit und ohne Handfassung!

Alle Übungen zuerst vorwärts, dann rückwärts (Vorsicht!). – Immer »weich« niederspringen!

d) Ein Hindernis liegt auf der Bank (querliegendes Kind, Mutter) und muß überstiegen werden.

2. Laufen

a) Beide neben der Bank.
b) Das Kind auf der Bank, die Mutter läuft nebenher. Mit und ohne Handfassung!
c) Beide auf der Bank.

Erst langsam, dann schneller!

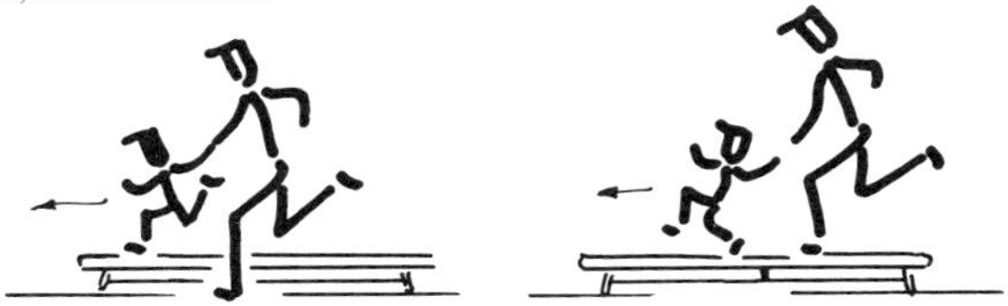

3. Seitgalopp

a) Die Bank ist zwischen Mutter und Kind, doppelte Handfassung.
b) Beide auf der Bank. Schwierig!

Im gleichen Rhythmus!

4. Bauchrutschen

a) Das Kind legt sich auf der Bank auf den Bauch, die Mutter steht im Grätschstand über der Bank, faßt es an beiden Händen und zieht es über die Bank.
b) Jeder zieht sich in Bauchlage selbst über die Bank.
c) Die Mutter liegt in Bauchlage, das Kind sitzt auf der Mutter und faßt deren abgewinkelte Unterschenkel mit beiden Händen. Die Mutter zieht sich mit dem Kind über die Bank.

Nicht zu weit hinten sitzen!

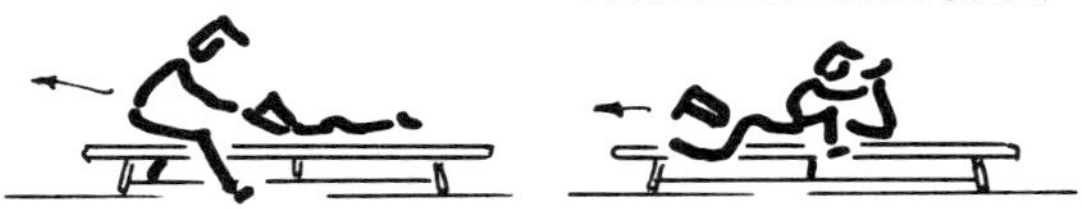

5. Buckelrutschen

a) Das Kind liegt in Rückenlage, die Mutter steht im Grätschstand über der Bank, faßt das Kind an beiden Händen und zieht es über die Bank.
b) Beim Rollentausch hilft die Mutter durch Schieben mit den Beinen etwas nach.
c) Jeder versucht auf dem Rücken liegend, mit Hilfe der Hände und Füße über die Bank zu rutschen.

6. Gesäßrutschen

a) Das Kind sitzt im Strecksitz auf der Bank. Die Mutter faßt das Kind an den Beinen, hebt diese etwas an und zieht das Kind so über die Bank.
b) Beim Rollentausch geht das Kind auf der Bank, und die Mutter hilft durch Ziehen an der Bankkante mit.

Beim Bankende aufpassen!

7. Wellenreiten

Die Mutter sitzt im Strecksitz auf der Bank, das Kind sitzt auf ihrem Schoß. Durch Aufsetzen der Fersen, Beine beugen und Nachschieben mit den Armen bewegt sich die Mutter vorwärts.

a) Kind blickt zur Mutter.
b) Beide blicken in die gleiche Richtung.

Lustig, aber anstrengend!

8. Reiten

Die Mutter stützt mit den Händen auf der Bank und geht mit den Füßen im Grätschstand über der Bank. Das Kind erklettert den Rücken der Mutter, klammert sich an und reitet auf ihrem Rücken über die Bank.

Wer erfindet andere Reitkunststücke? Zum Beispiel aufrecht sitzen, verkehrt sitzen usw.

Gut anhalten!

9. Vorbeikommen

Beide gehen von den Bankenden aus aufeinander zu und sollen versuchen, ohne abzusteigen aneinander vorbeizukommen.

a) Gegenseitiges Anhalten ist erlaubt.
b) Ohne Berührung des Partners.
c) Die Mutter grätscht die Beine und das Kind schlüpft durch.

10. Hüpfformen

Die Mutter bewegt sich dabei entweder mit gegrätschten Beinen über der Bank vorwärts, oder sie geht oben auf der Bank (anstrengender). Um die Arme von der Zugarbeit auszurasten, führen die Mütter zwischendurch die gleichen Sprungformen durch, während die Kinder zusehen und die Beine ausrasten!

Nicht hochreißen!

Die Mutter faßt bei allen Hüpfformen das Kind an den hochgehobenen Armen und hilft durch entsprechenden Aufwärtszug bzw. durch »Abbremsen« bei den Tiefsprüngen!

a) Grätschwechselhüpfen
   Das Kind wechselt zwischen dem Grätschstand über der Bank und dem Stand auf der Bank.
b) Beidbeiniges Wechselhüpfen
   Das Kind hüpft beidbeinig auf die Bank, dann nach rechts auf den Boden und von dort wieder auf die Bank zurück, dann nach links auf den Boden usw.
c) Wedeln
   Beidbeiniges Hüpfen von einer Bankseite über die Bank auf die andere Seite.

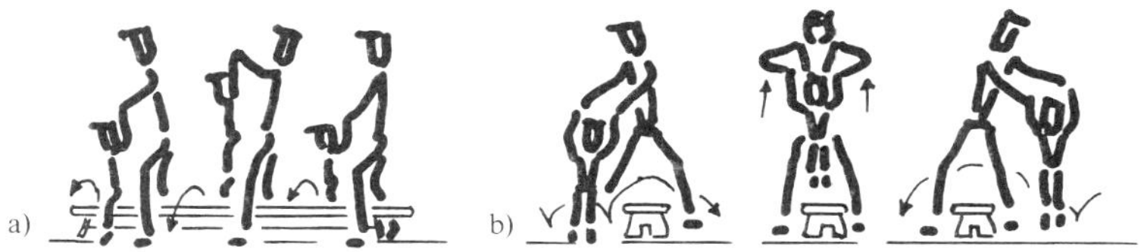

Gut anpassen!

11. Schweinchenbraten

Ein Kind legt sich »unter die Bank« = zwischen Bankoberseite und Balken und klammert sich fest an. Die übrigen Mütter und Kinder fassen die Bank, heben sie an und drehen den »Bratspieß« samt »Schweinchen« einmal um die Längsachse. Es ist günstig, wenn sich eine Mutter darum kümmert, daß das Schweinchen nicht herunterfällt. Bei geschickten Kindern können auch zwei gleichzeitig »gebraten« werden.

Langsam drehen!

12. Banktransport

Alle fassen die Bank und tragen sie gemeinsam in den Geräteraum.

Gleichmäßig verteilen! Vielleicht geht es sogar im Gleichschritt? Eins, zwei, eins, zwei ... (lustiger!).

Doppelturnbank

Je zwei Turnbänke stehen im Abstand von ungefähr 30 cm mit der Längsseite nebeneinander. Unbedingt Turnbänke mit rutschsicherem Belag auf den Turnbankfüßen verwenden. Es besteht sonst die Gefahr des seitlichen Wegrutschens!

1. Hochwasser, Feuer, Wind, Sturm

Um die Turnbänke und zwischen den Bänken paarweise herumlaufen und auf den Zuruf des Übungsleiters entsprechend reagieren.

Bei »Hochwasser« – sich rasch auf die Bänke hinauf retten. Bei Vorhandensein von Sprossenwänden, Leitern oder anderen Klettergeräten dürfen auch diese zur »Rettung« benützt werden.

Bei »Feuer« – sollen alle »brennbaren« Geräte (Holz) gelöscht werden. Hinlaufen und so tun, als ob man einen Feuerwehrschlauch in der Hand hätte. Auch das Spritzgeräusch soll nachgeahmt werden.

Bei »Wind« – herumlaufen und dabei hin- und herschwanken.

Bei »Sturm« – rasch neben einem Gerät Schutz suchen, das heißt sich knapp daneben hinlegen, um nicht »umgeblasen« zu werden.

Dann pro Doppelbank mehrere Paare (6–8) im Querstand Aufstellung nehmen.

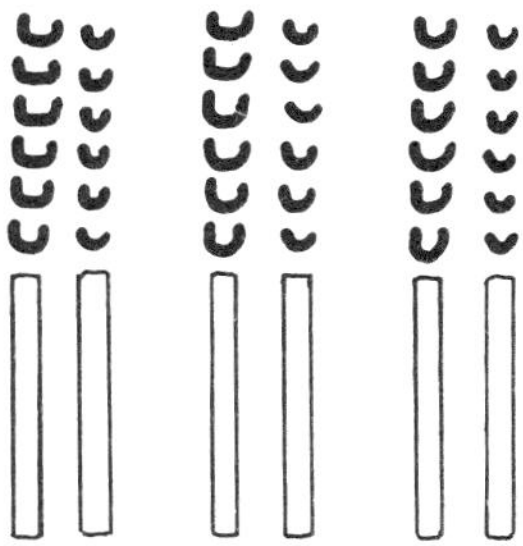

2. Drübergehen – druntergehen

Mutter und Kind haben die inneren Hände gefaßt. Die Mutter geht auf einer Bank, das Kind auf der anderen. Am Ende der Bank angekommen, absteigen, Handfassung lösen und unter den gefaßten Händen der Nachkommenden zwischen den beiden Bänken zurückgehen. – Mehrmals!

a) vorwärtsgehen
b) rückwärtsgehen

Hände anheben! Kopf einziehen!

3. Drüberlaufen – drunterlaufen

Ausgangsstellung wie bei 2., nur wird statt des Gehens gelaufen.

a) vorwärtslaufen
b) rückwärtslaufen (Vorsicht – Bankende!)

4. Grätschtunnel

Das Kind geht vor der Mutter. Beide gehen mit je einem Bein auf einer Bank (Grätschstand). Die Mutter faßt das Kind von oben an beiden Händen.

a) Vorwärtsgehen
   Nach dem Absteigen läuft das Kind unter dem Grätschtunnel zurück, die Mutter läuft außen herum.
b) Vorwärtslaufen,
c) Rückwärtsgehen – zurück auf allen vieren vorlings laufen,
d) Rückwärtslaufen – Vorsicht!
   Zurück auf allen vieren rücklings laufen. Die Kinder laufen wieder durch den Tunnel, die Mütter außen herum.

5. Grätschwechselhüpfen

Ausgangsstellung wie beim Grätschtunnel. Das Kind springt vom Grätschstand auf den Bänken hinunter zum Stand zwischen den Bänken und dann wieder zum Grätschstand auf den Bänken. Die Mutter hilft dabei durch Hochziehen an beiden Händen und geht bei jedem Sprung ein Stück weiter. Am Ende der Bank angelangt, wird »außen herum« zurückgegangen (gelaufen). Die Mütter können zwischendurch ebenfalls grätschwechselhüpfen, während die Kinder zusehen.

Auch andere Sprungformen sind möglich! Zum Beispiel: Beidbeinig abwechselnd auf die rechte bzw. linke Bank hinaufspringen und zwischen die Bänke wieder herunterspringen. Von einer Bank auf die andere hinüberspringen (vorwärts, seitwärts).

Nicht hochreißen, weich hochziehen!

6. Liegestütztunnel

Mütter und Kinder befinden sich im Seitliegestütz vorlings nebeneinander. Sie stützen mit den Händen auf einer Bank und mit den Füßen auf der anderen (Winkelliegestütz). In dieser Stellung bewegen sie sich seitwärts über die Bänke.

a) Liegestütz vorlings, rechts seitwärts, links seitwärts
b) Liegestütz rücklings, rechts seitwärts, links seitwärts

Das Zurückbewegen erfolgt für die Mütter außerhalb der Bänke, für die Kinder durch den Tunnel (auf allen vieren).

Anstrengend!

7. Drüberreiten

Die Mütter im Seitliegestütz wie beim Liegestütztunnel. Die Kinder sitzen auf der Mutter und klammern sich an.

a) Die Mutter im Liegestütz vorlings, das Kind auf dem Rücken der Mutter.
b) Die Mutter im Liegestütz rücklings, das Kind auf dem Bauch der Mutter. (Nur mit leichten Kindern möglich!)

Gut anhalten!

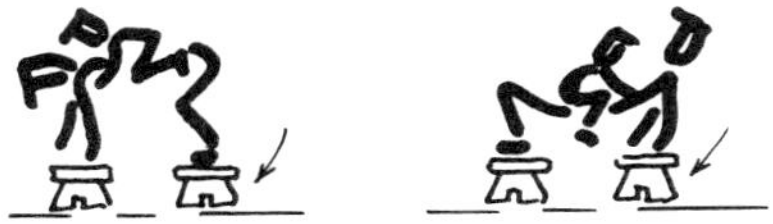

8. Sitzwiege

Die Mutter sitzt im Seitsitz auf einer Bank und hat die Füße unter der anderen Bank eingehakt. Das Kind sitzt auf dem Schoß der Mutter mit Blick zu ihr, beide Hände gefaßt. Vor- und rücklegen des Oberkörpers im Wechsel. Das Kind kann sich dabei gleichzeitig mitbewegen (= schwierig) oder der Mutter beim Wiederaufsetzen durch starkes Zurücklehnen helfen (leichter!).

Die Paare sitzen alternierend, das heißt, daß jede zweite Mutter in die Gegenrichtung blickt. (Turnbankstabilität!)

9. Platztauschen

Beide sind im Seitstand gegenüber, jeder steht auf einer Bank. Sie sollen nun Platz tauschen, ohne herunterzufallen (mit und ohne Handfassung).

Wer erfindet andere Möglichkeiten, den Platz zu tauschen?

10. Abspringen

Beide sind im Seithockstand gegenüber, jeder auf seiner Bank.

a) Sie stützen mit den Händen auf der Bank ab und springen nach hinten auf den Boden.
b) Aus dem Seithockstand wird ohne aufzustützen »frei« nach hinten abgesprungen. – Vorsicht!
Ungeschickte Kinder springen zuerst mit Hilfe! (Hüfte fassen.)

11. Herunterstoßen

Beide stehen im Seitstand gegenüber (die Mutter eventuell im Seithockstand). Das Kind versucht mit den Händen die Mutter von der Bank zu stoßen! Bei geschickten Kindern ist auch ein Rollentausch möglich!

Lustig, aber nicht ungefährlich!

12. »Freitreppe«

Eine Turnbank wird senkrecht zur Sprossenwand aufgestellt. Die zweite Bank wird knapp daneben auf der einen Seite auf eine Sprosse

aufgelegt und auf der anderen Seite auf einen Sprungkastenkopf. Dadurch entsteht eine Treppe. Die Höhe der Treppe richtet sich nach dem Können und nach der Größe der Kinder. Am besten baut man verschieden »schwierige« Treppen. Vor den Treppen liegen Matten oder bei größerer Höhe ein Weichboden. Eine mehrstufige Treppe ist noch interessanter! Die Übungen sollten zunächst immer mit Hilfe, und dann, wenn es geht, ohne Hilfe geturnt werden (nur mit Sicherung).

a) Treppensteigen und von oben abspringen. Die Mutter zeigt zuerst vor!
b) Auf der höchsten Stufe seitwärts aufhocken und seitwärts abhokken.
c) Die höchste Stufe seitwärts überhocken = Drehsprunghocke. Die Mütter allein!
d) Aufknien und Mutsprung. Die Mütter sichern auch gegenseitig, wenn es notwendig ist!
e) Aufhocken und Strecksprung. Verschiedene »Figuren« in der Luft machen. Wer ist besonders originell?
f) Die höchste Stufe frei überspringen. Vorsicht! Zuerst mit Sichern!

c) 

d) 

e) 

f) 

Turnbank und Sprungkasten

Aufstellungen siehe Skizze. Kästen sind ein bis zwei Rahmenteile höher als die Bänke.

Zunächst werden nur die Bänke benützt. Vor jeder Bank stehen Mütter und Kinder (drei bis vier Paare pro Bank) im Seitstand, eine Hand gefaßt.

Die »Schnelleren« (größeren Kinder) weiter außen, die »Langsameren« (kleineren Kinder) weiter innen!

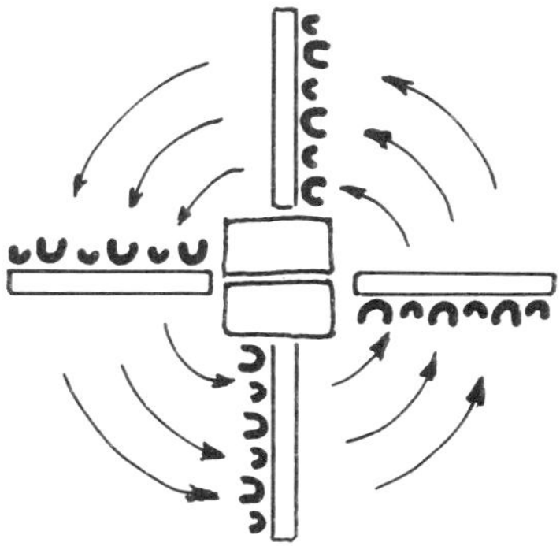

1. Auf- und Absteigen

Auf die eigene Bank aufsteigen, dann absteigen zur nächsten Bank weiter bis zurück zum Ausgangspunkt.

a) jede Mutter mit ihrem Kind
b) alle Paare gleichzeitig mit Handfassung nebeneinander

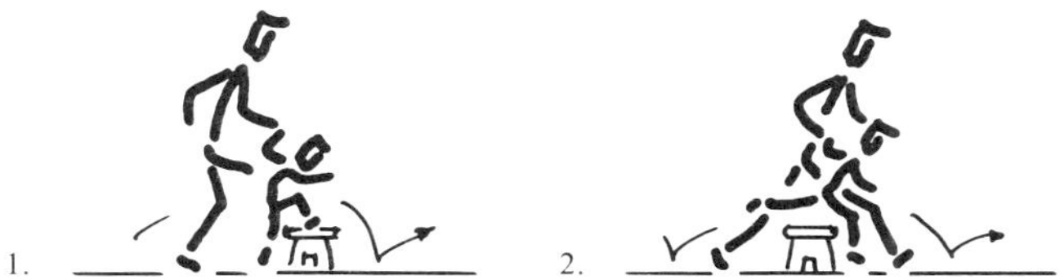

2. Übersteigen

Wie Übung 1., nur sofort über die Bänke steigen.

3. Vierfüßler

Bänke auf allen vieren überqueren.

a) seitwärts
b) vorwärts
c) rückwärts

4. »Kriechtiere«

Das Kind kriecht unter der Bank durch, die Mutter ebenfalls. Wenn die Mutter es nicht schafft, dann überquert sie die Bank wieder auf allen vieren. (Schlankheitstest!)

a) Mit dem Kopf voraus durchkriechen.
b) Mit den Füßen voraus durchkriechen.

5. Hockwenden

a) Seitwärts aufhocken, dann abhocken, das Kind, wenn nötig, mit Hilfe (am Becken hochziehen).
b) Seitwärts überhocken = Hockwende, das Kind mit Hilfe. (Schwierig!)

6. Überlaufen

Auf Zuruf werden alle Bänke überlaufen. Vorsicht! Nicht zu ehrgeizig sein, und die Kinder nachschleppen!

Neue Aufstellung, siehe Skizze. An die Sprungkastenecken werden Turnmatten gelegt.

Mütter und Kinder im Querstand vor den Bänken. Das Kind befindet sich vor der Mutter.

1. Abrutschen

Auf den Knien über die Bank gehen, auf den Kasten setzen und über das Eck auf die Matte abrutschen.

2. Abspringen

Auf allen vieren über die Bank laufen, den Kasten erklettern und herunterspringen. Elastisch niederspringen! Gut abfedern!

3. Laufen und abspringen

Aufrecht über die Bank laufen, auf den Kasten steigen und über das Eck niederspringen.

a) Das Kind läuft auf der Bank, die Mutter nebenher.
b) Die Mutter unterstützt das Kind nur beim Tiefsprung.
c) Die Mutter allein (auf der Bank).
d) Das Kind allein (auf der Bank).

4. Gruppenwettkampf

Wie Übung 3a), aber so, daß alle gleichzeitig loslaufen. Welche Gruppe ist zuerst wieder in Ausgangsstellung?

Vorsicht! Trotz Wettkampf genügenden Abstand halten.

5. Hockwenden

Aufrecht über die Bank laufen, mit beiden Händen auf dem Kasten aufgreifen, beidbeinig abspringen und:

a) Mit Vierteldrehung auf den Kasten aufhocken und mit weiterer Vierteldrehung vom Kasten abhocken. Die Mütter allein, die Kinder mit Hilfe.

b) Gleich »übers Eck« mit halber Drehung abhocken = Drehhocke. Die Mütter helfen einander gegenseitig, dann helfen sie den Kindern. (Mit einer Hand unter die Achsel greifen, mit der anderen am Gesäß anschieben!)

6. Füße weg vom Boden

Alle laufen durcheinander, ohne zusammenzustoßen. Auf entsprechenden Zuruf (Turnmatte, Turnbank, Sprungkasten, überall) müssen die Paare das aufgerufene Gerät rasch besteigen. Wer ist der letzte?

Auch Sitz, Bauchlage, Kniestand, Rückenlage auf den bezeichneten Geräten ist lustig und abwechslungsreich!

Die »Bodenwelle«

(Turnen am »umgelegten« Turnpferd)

Ein Turnpferd wird mit dem Rücken auf den Boden gelegt, und zwar so, daß ein Beinpaar ebenfalls auf dem Boden aufliegt und in die Laufrichtung zeigt (siehe Skizze). Vor und hinter das Turnpferd werden Matten gelegt und darüber ebenfalls (wenn vorhanden am besten eine Rollmatte).

Mütter und Kinder nehmen hinter dem Gerät Aufstellung.

1. Überqueren

Mutter und Kind überqueren das Hindernis.

a) gehen
b) laufen

Mit und ohne Handfassung!

2. Springen

Beide steigen auf das Pferd und springen hinunter.

a) beidbeiniger Absprung
b) einbeiniger Absprung
c) über ein Hindernis springen
(Die Mutter bzw. das Kind geht in Bauchlage bzw. Bankstellung vor dem Pferd.)

Wer kommt weiter?

3. Vierfüßler

Beide überqueren das Hindernis auf allen vieren. (Vorsicht beim Hinunterlaufen!)

a) vorwärtslaufen
b) rückwärtslaufen

4. Wälzen

Beide laufen auf das Hindernis hinauf, legen sich auf dem höchsten Punkt seitlich hin und wälzen sich so den »Abhang« hinunter.

a) mit gestrecktem Körper
b) mit angezogenen Beinen, die mit den Armen umfaßt werden

Mehrere Drehungen! Abstand halten!

5. Rollen

Auf dem höchsten Punkt in den Kniestand gehen und aus dieser Stellung eine Rolle vorwärts machen. Erst rollen die Mütter, dann rollen die Kinder und die Mütter helfen (unter dem Nacken fassen).

Hilfestellung!

6. Überspringen

Mit kurzem Anlauf vor dem Pferd abspringen und über das Hindernis hinwegspringen.

a) Mütter springen
b) Kinder springen, Mütter helfen

(Beim Niedersprung aufpassen!)

Fest abspringen! Weich niederspringen!

7. Hockwenden

Auf dem höchsten Punkt der »Bodenwelle« mit beiden Händen seitlich aufgreifen, mit beiden Beinen gleichzeitig abspringen und mit einer Vierteldrehung die Bodenwelle überhocken.

Die Mutter hilft!

8. Mutsprung

Auf dem höchsten Punkt beidbeinig aufknien. Die Arme kräftig vorhochschwingen, mit den Unterschenkeln abdrücken und im Hockstand vor der »Bodenwelle« landen. Die Mutter unterstützt zunächst unter der Achsel. Dann allein turnen lassen. Die Mutter turnt natürlich auch!

9. Aufhocken – Strecksprung

Mit beiden Händen am höchsten Punkt aufstützen und mit den Beinen zwischen den Händen aufhocken. Dann einen hohen Strecksprung in die »Tiefe« machen. Die Mutter zeigt zuerst vor und dann sichert sie!

Die »Brücke«

Die Brücke wird aus Sprossenwand, Sprungkasten, zwei Turnbänken und Turnmatten (Rollmatte) hergestellt.

Es wird immer rechts und links der Brücke an der Sprossenwand hochgeklettert. Wenn mehr Geräte vorhanden sind, dann mehrere Brücken bauen.

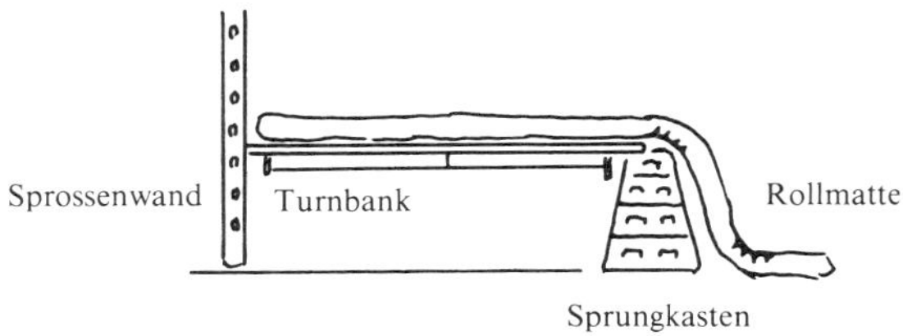

1. Durchlaufen unter der Brücke

Zuerst gewöhnlich laufen, dann auf andere Art (auf allen vieren, Hasenhüpfen ...).

a) Kinder allein
b) Mütter allein
c) gemeinsam

2. Drübergehen

Aufrecht über die Brücke gehen, am Ende hinsetzen und hinunterrutschen.

a) zuerst das Kind allein, die Mutter sichert
b) beide gemeinsam

3. Drüberlaufen

Am Ende Sitz und hinunterspringen. – Vorsicht!

4. Kniegang

Auf den Knien drübergehen und am Ende seitlich hinunterklettern. Die Mutter sichert.

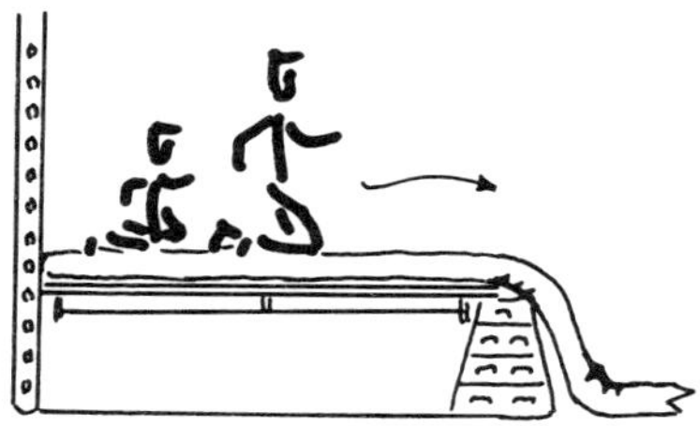

5. Wälzen

Auf den Bauch legen und seitlich drüberwälzen. Am Ende der Brükke umdrehen und mit den Füßen voraus bäuchlings hinunterrutschen.

Vorsicht! Nicht zu viele Drehungen! Schwindel!

6. Vierfüßler

Auf allen vieren drüberlaufen, dann

a) Bauchlage, halbe Drehung und rückwärts auf dem Bauch hinunterrutschen;
b) wie a), nur unten angekommen eine Rolle vorwärts auf der unteren Matte turnen (die Mutter hilft!).

7. Rolle auf der Brücke

Nach dem Hochklettern – Rolle vorwärts.

a) Die Kinder rollen, während die Mütter rechts und links von der Brücke stehen und sichern.
b) Die Mütter rollen und sichern einander gegenseitig, die Kinder sehen zu.

8. Überklettern der Brücke

Aus dem Seitstand vorlings die Brücke überklettern.

a) Die Kinder klettern, die Mütter helfen auf beiden Seiten.
b) Die Mütter klettern und die Kinder sehen zu.

Ringe und Zusatzaufgaben (Stationsbetrieb)

Da beim bloßen Schaukelringeturnen sehr lange Wartezeiten auftreten, werden die »Hauptübungen« an den Schaukelringen durch bewegungsverwandte »Zusatzaufgaben« an den Stationen (Schwungseile, Turnbänke, Bälle) ergänzt.

Die Stationen werden möglichst gerade aufeinanderfolgend angeordnet.

16 Paare (1 Paar = Mutter und Kind) können so immer gleichzeitig üben, was eine hohe Übungsintensität gewährleistet.

Station a) Schwungseil (Schw) – 2 beziehungsweise 3 aneinandergehängte Sprungseile,
b) Schaukelringe (Ri) – ein Turnstab wird in die Schaukelringe eingelegt und mit Mannschaftsschleifen befestigt. (Damit kann auch die Bodenhöhe des Stabes reguliert werden, wenn sich die Ringe nicht tief genug stellen lassen.)
c) Turnbank (Tbk)
d) Ball (Ball) – am besten Gymnastikball.

An jeder Station wird eine Zeitlang (2 bis 3 min) geübt und dann auf Kommando gewechselt.

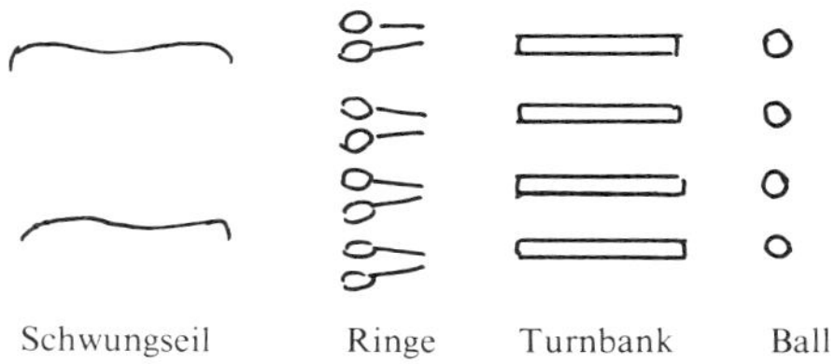

1. Durchgang

a) (Schw) Davonlaufen vor dem Seil:
Zwei Mütter fassen das Schwungseil an den Enden und schwingen es gleichmäßig hin und her. Die Kinder und restlichen Mütter laufen mit dem schwingenden Seil vor; wenn es den Umkehrpunkt erreicht hat, drehen sie rasch um und laufen vor dem zurückpendelnden Seil davon.
Mehrmals – Bewegungen anpassen, Geduld! Mütterwechsel.

b) (Ri) Davonlaufen vor den Ringen:
Die Ringe mit den durchgesteckten Stäben werden ins Pendeln gebracht. (Anfangs nicht zu weit auspendeln lassen.) Auf der einen Seite läuft das Kind, auf der anderen die Mutter. Wie bei a) wird zuerst mit dem Pendel mitgelaufen, im Umkehrpunkt rasch umgedreht und davongelaufen.

Lustig!

c) (Tbk) Davonlaufen vor dem Partner:
Das Kind läuft von einem Bankende zum anderen, die Mutter läuft nach – am Ende wird rasch kehrtgemacht und zurückgelaufen. Einmal flüchtet das Kind vor der Mutter, einmal die Mutter vor dem Kind.

d) (Ball) Davonlaufen vor dem Ball:
Das Kind läuft davon, die Mutter versucht es mit dem Ball abzurollen. Dann Rollentausch!

2. Durchgang

a) (Schw) Rückwärtslaufen:
Das Schwungseil wird wieder gleichmäßig hin- und hergeschwungen. Die Kinder und restlichen Mütter laufen mit dem schwingenden Seil vor, und wenn es den Umkehrpunkt erreicht hat, laufen sie rückwärts vor dem Seil davon.
Vorsicht! Am Anfang gibt es oft Stürze.

Wesentlich schwieriger!

b) (Ri) Rückwärtslaufen:
Die Ringe mit dem Stab ins Pendeln bringen. Zuerst wird wieder mit dem Pendel vorwärts mitgelaufen und nach dem Umkehrpunkt rückwärts davongelaufen. Auf einer Seite das Kind, auf der anderen die Mutter.

Vorsicht! Beschleunigen!
Pendel wird nach der Mitte zu schneller!

c) (Tbk) Rückwärtslaufen:
Das Kind läuft von einem Bankende zum anderen vorwärts, die Mutter läuft rückwärts davon, im Wendepunkt (Bankende) – Rollentausch!

Vorsicht, Bankende!

d) (Ball) Rückwärtslaufen:
Das Kind läuft rückwärts und die Mutter versucht es dabei mit dem Ball abzurollen. Rollentausch!

Vorsicht! Zusammenstoßen!

3. Durchgang

a) (Schw) Vorlaufen – Niederlegen:
Das Schwungseil wird wieder von zwei Müttern gleichmäßig hin- und hergeschwungen. Mit dem Schwungseil vorlaufen, rasch flach auf den Boden legen, das Schwungseil über den Körper schwingen lassen, blitzschnell aufspringen und dem nachschwingenden Seil

davonlaufen. (Langsame warten ein weiteres Durchschwingen des Seiles ab.)

b) (Ri) Vorlaufen – Niederlegen:
Ringe und Stab pendeln wieder. Mit den vorpendelnden Ringen vorlaufen, rasch flach auf den Boden legen, den Stab über den Körper pendeln lassen, blitzschnell aufspringen und dem nachschwingenden Stab davonlaufen.

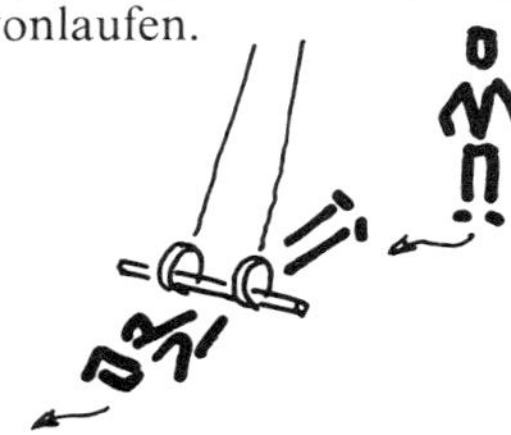

c) (Tbk) Vorlaufen – Durchkriechen:
Beide laufen zur Turnbank und kriechen unter der Bank durch. Dasselbe dann von der anderen Seite.
Wer ist schneller, die Mutter oder das Kind?

d) (Ball) Hin- und Herlaufen – Niederlegen:
Das Kind läuft in einem bestimmten Abstand vor der Mutter hin

und her. Die Mutter versucht es mit dem Ball abzuschießen. Das Kind verhindert einen Treffer, indem es sich rasch hinlegt. – Rollentausch!

Nicht zu scharf schießen!
Wurfdistanz: Kindgerecht!

4. Durchgang

a) (Schw) Überspringen und Davonlaufen:
Das Schwungseil pendelt gleichmäßig. Mit dem rückpendelnden Seil mitlaufen, es überspringen und dann rasch davonlaufen. Es ist günstig, das Seil etwa in der Mitte (im tiefsten Punkt) zu überspringen.

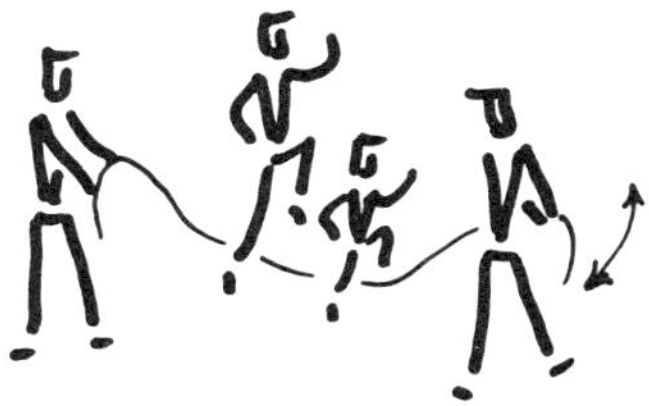

Unentschlossene springen mit der Mutter!

b) (Ri) Überspringen und Davonlaufen:
Ringe und Stab pendeln hin und her. Den pendelnden Ringen entgegenlaufen, den Stab überspringen und weiterlaufen. Bei Kindern, die Schwierigkeiten haben, geht die Mutter mit den Ringen ein wenig mit, streckt dem Kind über den Stab die Hände entgegen, faßt es an beiden Händen und unterstützt das Überspringen.

Matten nicht vergessen!

c) (Tbk) Überspringen:
Beide laufen auf die Turnbank zu und überspringen sie ein- oder beidbeinig. Das Kind je nach Leistungsfähigkeit, mit oder ohne Unterstützung durch die Mutter. Als Zwischenstadium kann auch ein Aufsteigen auf der Bank mit anschließendem Niederspringen gewählt werden (für ganz Kleine!).

Wenn es nicht gleich gelingt, nicht aufgeben!

d) (Ball) Entgegenrollen und Überspringen:
Das Kind steht in einer bestimmten Entfernung von der Mutter. Diese rollt den Ball auf die Füße des Kindes zu. Das Kind springt rasch hoch, um nicht getroffen zu werden. Gegen eine Wand rollen, damit der Ball die Übenden an den anderen Stationen nicht stört. – Rollentausch nicht vergessen!

Langsam rollen, Erfolgserlebnis verschaffen!

5. Durchgang

a) (Schw) Überspringen – Niederlegen – Überspringen – Davonlaufen:
Das Schwungseil pendelt gleichmäßig. Dem Seil entgegenlaufen, es überspringen und rasch hinlegen. Wenn das Seil über den Körper

Geschicklichkeitstest!
Verschiedene Ausführungen sind möglich!

gependelt ist, aufspringen, wenn es zurückpendelt, erneut überspringen und davonlaufen. (Auch mehrmaliges Überspringen und dazwischen wieder hinlegen ist möglich!)

b) (Ri) Überspringen – Niederlegen – Überspringen – Davonlaufen: Ringe und Stab werden wieder ins Pendeln gebracht. Den pendelnden Ringen entgegenlaufen, den Stab überspringen und rasch hinlegen. Wenn der Stab über den Körper gependelt ist, aufspringen, wenn er zurückpendelt, wieder überspringen und davonlaufen. (Mehrmaliges Überspringen und Hinlegen ist möglich!)

Rasch und gezielt reagieren!
Nicht in »Panik« geraten!

c) (Tb) Überspringen – Durchkriechen:
Die Bank wird in der einen Richtung immer übersprungen, in der anderen Richtung wird durchgekrochen. Kindern, die nicht frei überspringen können, hilft die Mutter zuerst und springt dann selbst.

Vorsicht auf die anderen Paare!

d) (Ball) Abschießen – Hinlegen – Aufstehen – Ausweichen:
Aufstellung wenige Meter von der Hallenwand entfernt. Die Mutter versucht das Kind abzuschießen, dieses legt sich jedoch schnell nieder. Wenn der von der Wand abprallende Ball zurückrollt, weicht das Kind dem Ball aus. (Geschickte Kinder überspringen den rückprallenden Ball.) – Rollentausch!

Die letzte Aufgabenstellung des Überspringens kann durch verschiedene Sprungformen (einbeinig, beidbeinig, vorwärts, seitwärts, ...) sehr gut variiert werden (Differenzierung).
Auch individuelle Lösungsversuche soll man fördern!

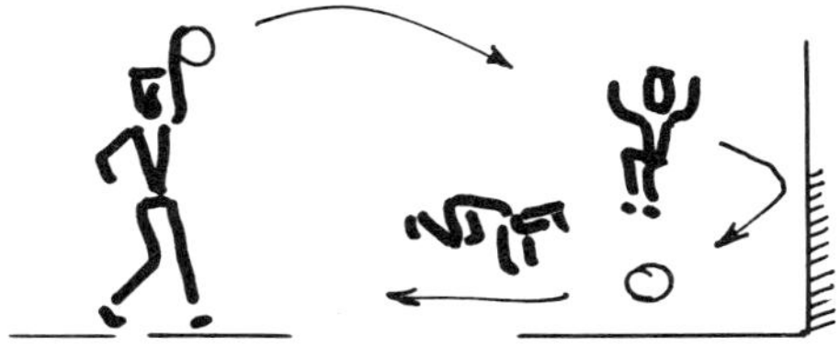

Rasche Reaktion!

6. Durchgang

a) (Schw) »Hutschen«
Zwei Mütter nehmen ein Sprungseil mit je einer Hand an den Seilenden, mit der anderen Hand umfassen sie die Hand des Kindes, welches auf dem Seil sitzt (oder steht) und sich am Seil anhält. Die Mütter heben das Seil ein Stück an und schwingen es hin und her.

Vorsicht!

b) (Ri) Schaukeln im Stehen
Die Mutter steigt auf dem Stab rechts und links in die Ringe. Das Kind steht auf dem Stab in der Mitte. Beide fassen die Seile und schaukeln hin und her. (Zuerst Schwung geben lassen!)

Sehr lustig!

c) (Tbk) Schaukeln im Sitzen
Eine Bank wird umgedreht (mit der Schmalseite nach oben). Darüber werden im rechten Winkel andere Bänke gelegt, sodaß sie in der Mitte auf der Kante aufliegen.
Je nach Geschick sitzen beide an je einem Ende auf und schaukeln. Wenn das nicht geht, dann bewegt die Mutter das eine Bankende mit den Armen auf und ab, damit das Kind am anderen Ende ins Schaukeln kommt.

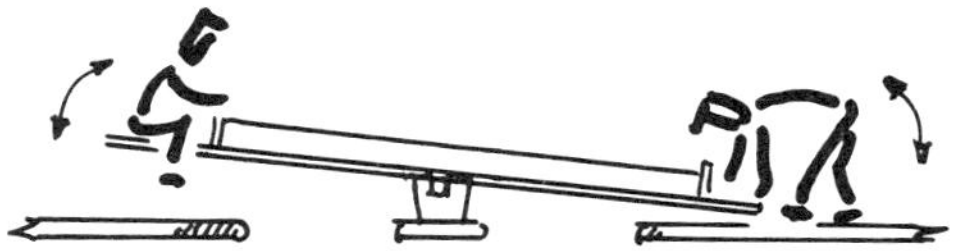

d) (Ball) Ballschaukel
Im Strecksitz legt man sich einen Ball auf die Beine. Durch Anheben der Beine soll der Ball zur Körpermitte, durch Anheben des Beckens soll er wieder zu den Füßen rollen. Wer kann es, ohne daß der Ball auf den Boden fällt. (Jeder erhält einen Ball.)

Geduld!

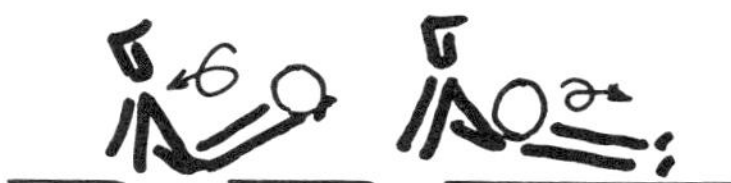

Stationsbetrieb an Geräten

Geräte, die in Mehrzahl vorhanden sind (möglichst je vier), werden nebeneinander aufgebaut. So entstehen mehrere Gerätestationen. An jeder Station wird eine Zeitlang geübt und nach Kommando zur nächsten Station gewechselt. Pro Station 4 bis 8 Mütter und gleich viele Kinder.

Der Stationsbetrieb eignet sich besonders zur optimalen Ausnützung von Geräten und Übungszeit (fast keine Wartezeiten).

Beispiel einer Geräteanordnung
(für Normalturnhallen 15 × 27 × 5,5 m)

Der Stationsbetrieb kann auf verschiedene Arten durchgeführt werden:

a) Pro Station eine Übung – mehrmals hintereinander (Zeitbegrenzung). Gemeinsamer Wechsel zur nächsten Station.
Vorteil: Abwechslung, guter Überblick für den Übungsleiter

b) Pro Station mehrere Übungen (Zeitbegrenzung).
Vorteil: Weniger Zeitverlust durch oftmaligen Wechsel.

c) Beliebiger Wechsel von Station zu Station.
Voraussetzung: Genügend bereits erarbeiteter Übungsstoff, Disziplin und Rücksichtnahme (Lieblingsstationen).

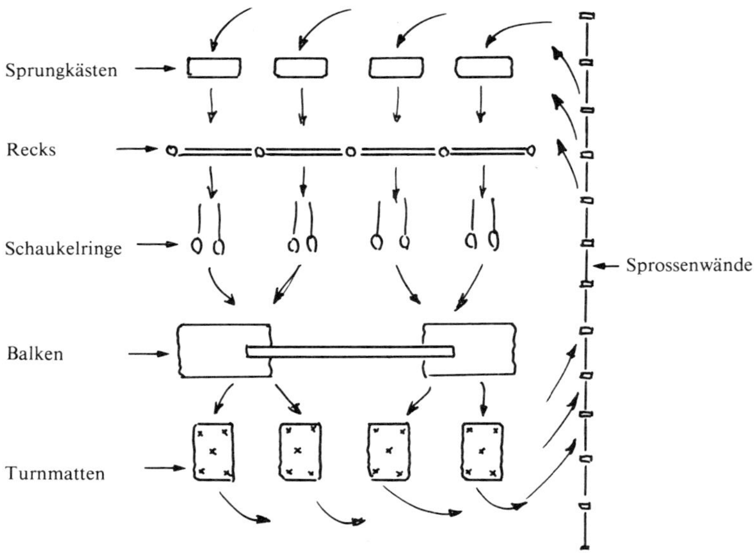

Exemplarische Übungsauswahl

Die Übungen werden je nach Können mit oder ohne Hilfe geturnt, sowohl vom Kind als auch von der Mutter.

1. Sprungkasten (verschiedene Höhen)

a) aufsteigen – abspringen
b) überspringen
c) Dreh-Sprunghocke (»Hockwende«)
d) Sprungaufknien – Mutsprung

2. Reck (verschiedene Höhen)

a) überdrehen (aus dem Hockhangstand vorlings in den Hangstand rücklings)
b) Hüftabschwung (aus dem Stütz in den Stand)
c) Hüftabschwung in den Hockhang und überdrehen in den Hangstand rücklings (ohne mit den Beinen den Boden zu berühren)
d) Kniehang (eventuell Abgang über den flüchtigen Handstand)

3. Ringe (etwa in Oberschenkelhöhe der Mutter)

a) überdrehen (vorwärts, rückwärts)
b) zum Stand in den Ringen gelangen
c) schaukeln im Sitz (Beine stecken in den Ringen)
d) »Doppelschaukel« – Mutter steht in den Ringen, Kind hängt im Hockhang

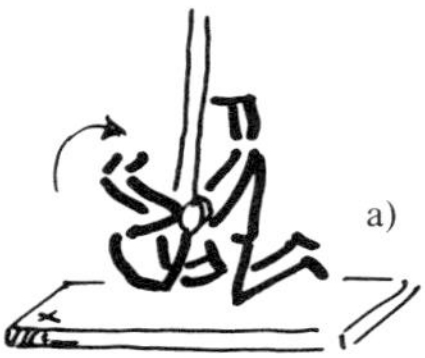
a)

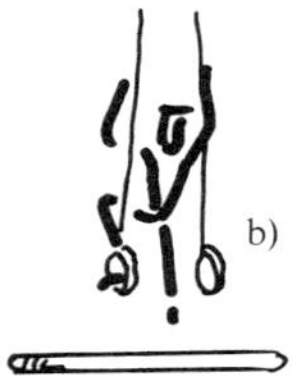
b)

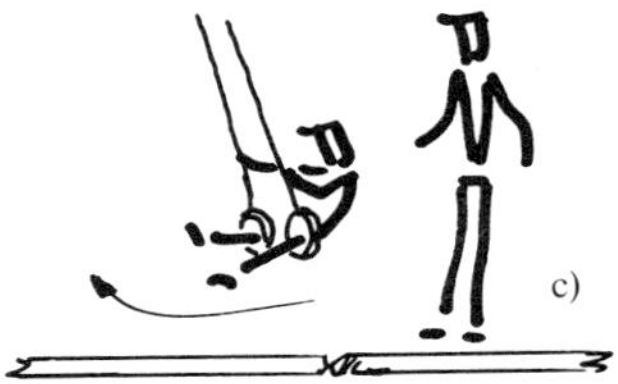
c)

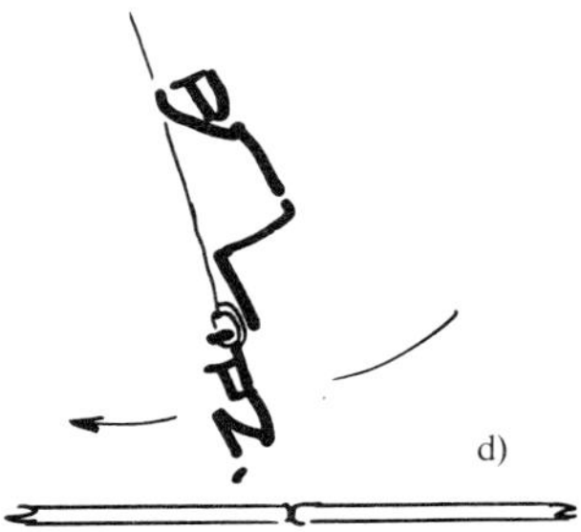
d)

4. Balken

a) vorwärtsgehen
b) rückwärtsgehen
c) vorwärtsgehen mit Zusatzaufgaben (Ball/Stab unter einem Bein durchreichen/rollen. usw.)
d) gehen mit Drehungen

5. Boden

a) wälzen
b) Rolle vorwärts
c) Kopfstand gehockt, gestreckt
d) Handstützüberschlag seitwärts (»Radschlagen«)

6. Sprossenwand

a) gewöhnlich klettern (vorlings)
b) klettern mit Drehungen um die Längsachse
c) rücklings klettern
d) klettern mit »verletzten Gliedmaßen« (ein Bein, eine Hand sind unbenützbar)

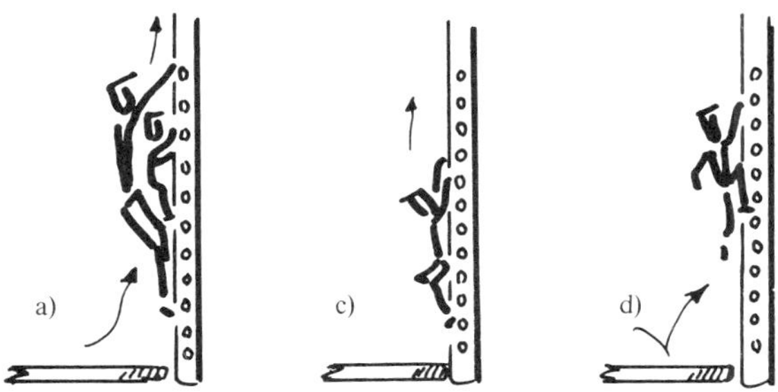

»Der Gerätegarten«

Alle im Saal zur Verfügung stehenden Geräte werden so aufgebaut, daß es möglich ist, ohne den Boden zu berühren, von einem Gerät zum anderen zu gelangen. Es sollen dabei möglichst originelle Gerätekombinationen entstehen (Förderung der Kreativität).

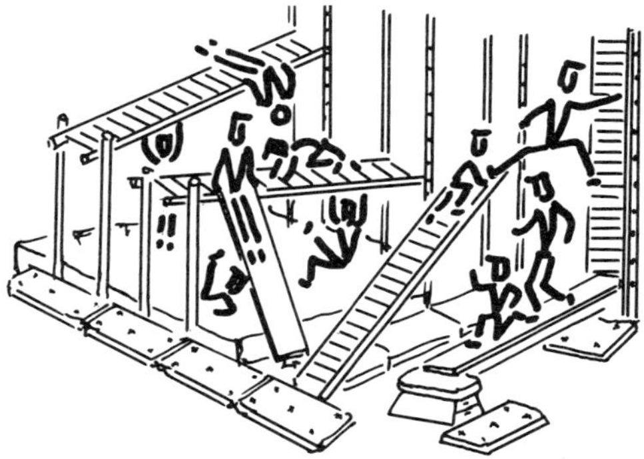

Folgende Kombinationen haben sich bewährt:

A. Turnleiterkombination

Turnleitern: senkrecht, schräg, waagrecht
Turnbänke: schräg eingehängt, darunter Matten oder Weichböden

B. Sprossenwandkombination

2 Sprossenwandfelder geschwenkt, 2 Sprossenwandfelder normal, Turnbänke schräg bzw. waagrecht eingehängt darunter Matten.

C. Barrenkombination

2 Barren werden in geringer Entfernung voneinander aufgestellt. Holme verschieden hoch bzw. schräg stellen. Eine Turnbank wird als Brücke über die Holme gelegt, eine Schrägbank, Sprungkastenköpfe zum Aufsteigen bzw. Absteigen, darunter Matten.

D. Reckkombination

Recks in verschiedenen Höhen, auch als Doppelreck, Sprungkasten darunter, Turnbänke schräg eingehakt, Matten darunter.

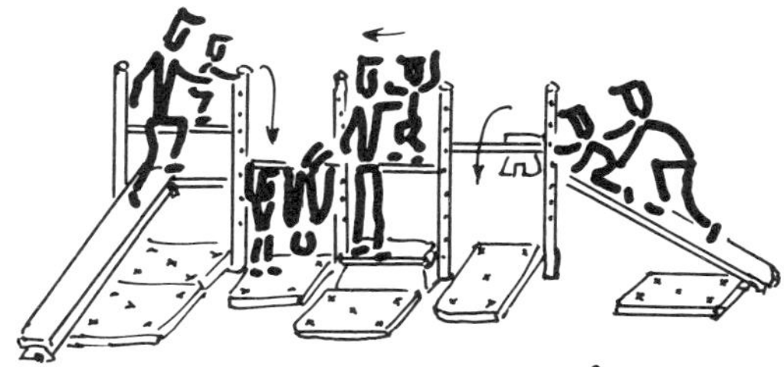

E. Sprunggerätekombination

Turnpferd, Turnbock, Sprungkästen, Balken, Matten

Die einzelnen Kombinationen sollten aneinander anschließen. Das Einbeziehen von Geräten wie Ringe, Taue und Stangen zur Überwindung von Zwischenräumen ist besonders reizvoll.

Folgende Aufgabenstellungen helfen eine schöpferische Atmosphäre zu schaffen:

1. »Füße weg vom Boden«

Alle laufen durcheinander, auf Zuruf hängt jeder blitzschnell auf einem Gerät.

2. Freies Überklettern (ohne Bodenberührung)

(Matten dürfen berührt werden!) Wer kommt am weitesten herum?

3. »Riesen«

Welches Paar überdeckt miteinander die größte Fläche?

4. »Zwerge«

Welches Paar kann sich auf einer Gerätekombination am kleinsten zusammenkauern? Prämiierung origineller Lösungen!

5. »Hoch hinaus«

Welchem Paar gelingt es am höchsten hinaufzukommen? Die Mutter und ihr Kind müssen einander wenigstens an einer Körperstelle berühren!

6. Verstecken

Alle verstecken sich gleichzeitig auf Kommando! Nach 10 Sekunden darf man von den Paaren nichts mehr sehen!

7. Fangenspielen

Je 2 Paare spielen miteinander: eines flüchtet (Vorsprung lassen), eines verfolgt; dabei darf der Boden nie berührt werden!

Der Abschlag zählt nur, wenn beide (Mutter und Kind) erreicht werden! Die Mutter darf dem Kind über Zwischenräume drüberhelfen.

8. »Gerätekontakte«

Jedes Paar darf das Gerät, auf dem es sich gerade befindet, nur mit bestimmten Körperteilen berühren, z. B.:

a) 1 Gesäß, 2 Füße, 1 Hand
b) 2 Füße, 2 Hände
c) 1 Fuß, 3 Hände usw.

Je weniger Kontakte, desto schwieriger wird es! Die Schwierigkeit wechselt jedoch von Gerät zu Gerät, daher sollte nach einigen Versuchen ein Gerätewechsel stattfinden! Es ergeben sich jedenfalls sehr reizvolle und lustige Situationen. Die jeweils originellsten Lösungen werden für alle »vorgeführt«!

Es können auch 2 Paare (2 Mütter und 2 Kinder) zu einer »Künstlergruppe« zusammengezogen werden. Das ergibt wieder eine Fülle neuer »Kontaktmöglichkeiten«!

*

VI. Abenteuer-Spielstunde

Grundsätzliche Überlegungen

Es handelt sich dabei um eine spezielle Organisationsform (Stationsbetrieb), die es möglich macht, unter verschiedensten Bedingungen und vor allem auch bei begrenztem Material Kindern und Müttern interessante und abwechslungsreiche Bewegungsaufgaben zu stellen. Die Abenteuer-Spielstunde eignet sich deshalb für das Mutter-Kind-Turnen und nicht für das bloße Kleinkinderturnen, weil die Mütter in der Lage sind, die Stationstafeln zu lesen und die Aufgabenstellung zu verstehen.

Übungsabsicht

Durch einfache Aufgabenstellung soll das Finden ganz persönlicher, origineller Lösungen gefördert werden. (Eigenständigkeit)

Die überraschende und ungewöhnliche Verwendung mancher Geräte soll die Phantasie anregen (Kreativität).

Eine gute Organisation soll einen hohen Beschäftigungsgrad sichern (Ökonomie).

Die Vielseitigkeit in der Beanspruchung (Kraft, Geschicklichkeit, Gleichgewicht, Mut ...) soll eine umfassende Wirkung gewährleisten (Ganzheitlichkeit).

Gegenseitige Hilfe, Lob und Ermunterung bei den verschiedenen Aufgaben sollen den sozialen Aspekt verwirklichen helfen (Partnerschaft).

Dem *offenen Bewegungskonzept* entspricht auch ein *offenes Organisationskonzept.*

ORGANISATION

1. Feststellen der örtlichen Möglichkeiten (Halle, Sportplatz ...).
2. Feststellen der vorhandenen Geräte.
3. Ideensammlung (Übungsleiter, Mütter, Kinder).
4. Durchprobieren der ausgedachten Spiele und Ausscheiden der unbrauchbaren Stationen (gefährlich, uninteressant, umständlich ...).
5. Festlegen der endgültigen Spielstationen
   Richtzahl: Für je zwei Teilnehmer (Mutter und Kind) soll eine Station zur Verfügung stehen (um unnötige Wartezeiten zu vermeiden).
6. Es sollen möglichst unterschiedliche Anforderungen an die Teilnehmer gestellt werden.

7. Erheben der voraussichtlichen Übungsdauer pro Station.
8. **Stationstafeln** herstellen, in Form eines offenen Organisationssystems. In Klarsichthüllen (DIN A4) werden verschiedene, auswechselbare Informationen gesteckt.

   Vorderseite: a) **Stationsnummer** – A4-Format, Nummer in die obere Hälfte des Blattes.
   b) **Stationsbezeichnung** – Zeichnung Halbformat, andersfärbig.

   Rückseite: c) **Beschreibung** der Station und der Bewegungsaufgabe sowie Zeichnung.

Die Kartons mit den verschiedenen Informationen sind am besten unterschiedlich gefärbt.

Je nach Hallengröße, Ausstattung, Altersstufe, Übungsabsicht etc. kann damit die Organisation rasch und sinnvoll verändert werden. Die gesammelten Klarsichthüllen mit Informationskarten werden in einem Ordner (Mappe) abgelegt und sind rasch wieder verfügbar.

DURCHFÜHRUNGSMÖGLICHKEITEN

1. **Völlig freies Üben** an allen Stationen, ohne Zeitbegrenzung, der Wechsel erfolgt freiwillig und selbständig.
   Problem – besonders »attraktive« Stationen werden belagert.
   Abhilfe – möglichst viele interessante Stationen aufbauen.
   Vorteil – absolute Freiheit bei der Auswahl, Möglichkeit der Veränderung von Stationen.
2. **Freies Üben** an allen Stationen **mit Zeitbegrenzung** (z. B. 3 Minuten pro Station), dann muß gewechselt werden.
   Vorteil – keine Streitereien, jeder kann alles probieren.

Der »**Abenteuercharakter**« kann durch verschiedene Maßnahmen unterstrichen werden:

a) Durch die Art der Stationsbezeichnung
   z. B. Tarzanweitspringen, Robotergang, Affenfangen, Häuptlingskampf ...
b) Durch die direkte Anrede bei der Aufgabenstellung
   Du darfst, Du wirst, Du kannst ...
c) Durch den Aufforderungscharakter der Formulierungen
d) Durch Einfachheit und Klarheit der Bewegungsaufgaben

BEISPIELE FÜR SPIELSTATIONEN

Die nun folgenden Beispiele für »Spielstationen« sind alphabetisch geordnet. Je nach der Ausstattung der Turnhalle kann aus dieser Liste ausgewählt werden. Die Auswahl soll nach den schon in der Einleitung genannten Gesichtspunkten der Vielseitigkeit in der Beanspruchung und der Abwechslung in den Anforderungen erfolgen.

Es ist für alle Spielstationen charakteristisch, daß sie physisch vor allem eine Herausforderung an die allgemeine Geschicklichkeit und Koordinationsfähigkeit darstellen. Psychisch werden besonders das Problemlösungsverhalten und das »Fertigwerden« mit überraschenden Situationen geübt.

Neben der Hauptbeanspruchung Geschicklichkeit hat jede Spielstation aber auch spezielle Belastungsschwerpunkte. Die dazu notwendigen motorischen Grund- und Komplexeigenschaften sowie die psychischen Bewegungsvoraussetzungen werden in einer Übersichtsliste aufgeschlüsselt. Daneben stehen in einer weiteren Spalte entsprechende Angaben zum benötigten Spielmaterial.

Nach der Übersichtsliste erfolgt eine genaue Erklärung der einzelnen Spielstationen.

Bei den *Einzelspielstationen* soll jeder allein die jeweilige Aufgabe lösen. Hier stehen Selbsttätigkeit, Selbständigkeit sowie das Abschätzen und Erproben der eigenen Möglichkeiten im Vordergrund.

Bei den *Partnerspielstationen* sollen Mütter und Kinder die gestellten Aufgaben miteinander lösen. Anpassungsfähigkeit, Eingehen auf den anderen, aber auch Bewegungsphantasie bei den gemeinsamen Lösungsversuchen, werden hier auf natürliche Weise gefördert.

DURCHFÜHRUNG

Um den organisatorischen Aufwand (er stellt das größte Problem dar) möglichst gering zu halten, ist folgendes zu empfehlen:

1. Die situationsgerecht ausgewählten Stationstafeln sollten vorher an der entsprechenden Stelle in der Halle plaziert werden.
2. Pro Spielstation läßt man ein oder zwei Paare zu dieser Tafel setzen. Sie können nach kurzer Erläuterung die Station aufbauen.
3. Ein Übersichtsplan (Gerätesituierung) sollte an der Turnsaalwand angebracht werden. Er kann auch mittels Overheadprojektor an eine helle Wand projiziert werden.

Die Tatsache, daß immer zwei Paare pro Station beschäftigt sind, eines zum Spielen, das andere zum Helfen und Beobachten, gewährleistet eine Übungsintensität von nahezu 50 %.

Abenteuer-Einzelspielstationen

Nr.	Stationsbezeichnung	Beanspruchung	Material
1	Balancieren	Gleichgewicht	Reck, Matten, Sprungkastendeckel
2	Chinesenstaffel	Bewegungsgefühl	Bälle, Spagat, Tamburin (Frisbee), Markierungen (Zeitung)
3	Doppelstabballfangen	Bewegungsgefühl	Turnstäbe, Volleyball, Tennisball, Gymnastikball
4	Fetzenrutschen	Gewandtheit	Fetzen (Handtuch), Markierungen
5	Friskegeln	Wurfgenauigkeit	Frisbee, Keulen (Kegel), Turnbank
6	Fußballslalom	Wendigkeit	Keulen (Kegel), Fußball
7	Hallengolf	Bewegungsgenauigkeit	Turnstab, Tennisball, Kastenrahmen
8	Hinüberhutschen	Kraft, Gewandtheit	Klettertau, Matten, Turnbänke
9	Hochklettern	Kraft, Mut	Sprossenwand, Matte
10	Kübelball	Bewegungsgefühl	Ball, Sprungseile, Papierkorb, Recksäule (Volleyballsäule)
11	Luftballonwettsitzen	Kraft, Ausdauer	Blasebalg, Luftballons, Sprungkasten
12	Obertrommler	Kraft	Ringe, Tamburin, Klöppel, Matte
13	Papierkorbball	Wurfgenauigkeit	Papierkorb, verschieden große Bälle
14	Pedalofahren	Bewegungsgefühl, Gleichgewicht	Pedalo (zweirädrig, vierrädrig) Markierungen
15	Reifenwerfen	Bewegungsgenauigkeit	Gymnastikreifen, Medizinball (Turnbock)
16	Riesenschleuder	Bewegungsgenauigkeit	Recksäulen, Zauberschnur, Keulen, Sprungseile, Sprungkasten
17	Robotergang	Bewegungsgefühl, Gewandtheit	Mannschaftsschleifen, Ball, Turnbank
18	Rutschen	Mut, Gleichgewicht	Sprossenwand, Turnbank, Matten (Teppichfliese, Karton)
19	Schaukeln	Mut, Bewegungsgefühl	Schaukelringe, Turnstab, Matten

Abenteuer-Einzelspielstationen

Nr.	Stationsbezeichnung	Beanspruchung	Material
20	Schrägaufzug	Kraft	Turnbänke, Sprungseile, Sprossenwände
21	Skateboardslalom	Gewandtheit	Sprungbrett, Rollvorrichtung, Gymnastikkeulen
22	Stabbalancieren	Gleichgewicht	Turnstäbe
23	Staberwischen	Schnelligkeit, Reaktion	Turnstab, Markierungen, Sprungkasten
24	Tarzanweitspringen	Kraft, Mut	Weichboden, Klettertaue
25	Tunnelfrisbee	Wurfgenauigkeit	Frisbee, Sprungkastenrahmen, Markierung

Balancieren

Eine Reckstange wird auf den Boden (oder zwei Sprungkastendeckel) gelegt und so fixiert, daß sie sich nicht verdrehen kann.

Ihr sollt versuchen, auf verschiedene Arten drüberzubalancieren. Zuerst müßt Ihr natürlich die leichteren Möglichkeiten geschafft haben, um die schwierigeren probieren zu dürfen, z. B.:

a) Stehen auf der Stange
b) Vorwärtsgehen
c) Rückwärtsgehen
d) Seitwärtsgehen

Chinesenstaffel

Mit einem Tamburin (Frisbeescheibe) auf dem Kopf, einem »Hängeschnurrbart« (Spagat zwischen Oberlippe und Nase), einem zwischen die Knie geklemmten Ball (Softball) und mit zwei Bällen unter den

Armen sollst Du eine bestimmte Strecke gehen, ohne dabei auch nur einen Gegenstand zu verlieren (sonst mußt Du neu beginnen).

Wer schafft mehr Schritte?

Doppelstabballfangen

Lege auf zwei Turnstäbe einen Ball, hebe das Ganze auf und halte es waagrecht. Durch Öffnen der Stäbe läßt Du den Ball fallen und versuchst, den vom Boden rückprallenden Ball so auf die Stäbe zu bekommen, daß er nicht wieder zu Boden fällt.

Du sollst es mit verschieden großen Bällen probieren, z. B.: Volleyball, Gymnastikball, Tennisball.

Wenn es das Kind nicht allein schafft, dann könnt Ihr es auch miteinander versuchen.

Fetzenrutschen

Ein Bodentuch (altes Handtuch) liegt an einer Markierung. Du sollst aus beliebiger Entfernung auf allen vieren anlaufen, bei der Markierung angekommen, blitzartig mit Händen und Füßen auf das Tuch springen und soweit Du es schaffst, damit rutschen.

Entlang der Rutschstrecke gibt es weitere Markierungen. – Es zählt das hintere »Fetzenende«. Wer rutscht weiter?

Kegeln

Auf einer Turnbank stehen im Abstand von ca. 15 cm insgesamt 6 Kegel in einer Reihe. Du sollst von einer markierten Abwurflinie aus versuchen, mit wenig Ballwürfen möglichst viele Kegel umzuwerfen.

Wer braucht weniger Würfe, bis alle Kegel umgefallen sind – die Mutter oder das Kind?

Fußballslalom

Mehrere Kegel werden seitlich versetzt auf den Boden gestellt. Du sollst die Kegel mit einem Ball möglichst geschickt »umdribbeln« und wieder zum Ausgangspunkt zurückkehren.

Wenn ein Kegel umfällt, mußt Du wieder von vorne beginnen. – Du darfst es mehrmals versuchen!

Hallengolf

Du sollst versuchen, mit einem Golfschläger (= Turnstab) einen Golfball (= Tennisball) ins Loch (= Spanngeräte- oder Volleyballständer-Bodenausnehmung) zu bringen.

Versuche es aus verschiedenen Entfernungen. Wer schafft es von weiter weg?

Damit die Bälle nicht in der ganzen Halle herumrollen, legt man in einigem Abstand hinter dem Loch z. B. Kastenrahmen als Begrenzung auf. In das Loch stopft man am besten Zeitungspapier, damit man den Ball leicht herausholen kann.

Hinüberhutschen

Du bist im Urwald und willst über den Fluß gelangen. Mit Hilfe der Liane (= Klettertau, unten mit Knoten) kannst Du Dich von einem Baumstamm (= Turnbank oder Kastenkopf) aus über den Fluß schwingen und auf einem zweiten Baumstamm landen.

Berührst Du beim Hinüberschwingen den Boden (die Matte), fällst Du ins Wasser, und dann ist der Versuch ungültig.

Für Mütter und Kinder unterschiedliche Abstände festlegen. Man darf auch im Sitzen auf dem Tauknoten hinüberhutschen.

Hochklettern

Ihr sollt auf eine Sprossenwand hinaufklettern, vor die eine Matte gelegt wurde. – Wer traut sich höher hinauf?

Wenn das gewöhnliche Klettern keine Schwierigkeiten bereitet, dann probiert es einmal anders, z. B.:

– mit dem Rücken zur Sprossenwand,

- eine Hand »tut weh« und kann nicht verwendet werden,
- das rechte (linke) Bein ist verletzt usw.

Wer erfindet noch andere Kletterformen?

Kübelball

Zwei Sprungseile werden zusammengeknüpft und so an einer Recksäule befestigt, daß sie nicht abrutschen können (Reckstecker).

Nimm beide Seilenden in die Hand und spanne sie fest. Du sollst nun einen Ball, der bei Dir auf die Seile gelegt wird, so vor Dir herlaufen lassen, daß er genau in einen Kübel fällt, der unter den Seilen steht.

Befestigung der Seile höchstens in Schulterhöhe der Kinder. – Man braucht viel Geduld, bis es zum ersten Mal gelingt!

Luftballonwettsitzen

Setze Dich auf einen Blasebalg. Zieh über den Luftschlauch einen Luftballon und halte ihn mit den Fingern fest. Durch »Reiten« auf dem Blasebalg sollst Du nun den Luftballon möglichst schnell zum Zerplatzen bringen.

Es ist viel anstrengender, als man glaubt. – Luftballon gut andrücken, sonst ist alle Anstrengung vergeblich!

Obertrommler

An einem Ring der Schaukelringe ist ein Tamburin (Frisbee) befestigt. Unter den Ringen liegt auf einer Turnmatte der Klöppel (Staffelholz). Du sollst nun mit beiden Händen den freien Ring und mit den Füßen den Klöppel fassen. Dann sollst Du abwechselnd mit dem Klöppel auf das Tamburin und auf die Turnmatte klopfen.

Die Ringe sollen etwa reichhoch gestellt werden. – Für Mütter und Kinder daher zwei unterschiedlich hohe Ringpaare verwenden.

Papierkorbball

Ihr steht an einer markierten Linie mit Blick zur Hallenwand. An der Wand steht ein leerer Papierkorb. Neben Euch liegen Bälle verschiedener Größen (Volleyball, Gymnastikball, Softball, Tennisball ...).

Ihr sollt mit den Bällen auf veschiedene Art und Weise in den Papierkorb hineintreffen, z. B.:

- von unten werfen
- über den Kopf werfen
- indirekt treffen (so gegen die Wand spielen, daß der abprallende Ball in den Papierkorb fällt).

Wer erfindet andere schwierige Wurfformen?

Pedalofahren

Stelle Dich auf das Pedalo und versuche durch Gewichtsverlagerung ins Fahren zu kommen. Beginne mit dem vierrädrigen Pedalo und dem Vorwärtsfahren. Dann versuche, ob Du auch rückwärts fahren kannst! Zuletzt darfst Du auch noch das zweirädrige Pedalo versuchen.

Du sollst jedesmal eine bestimmte »Fahrstrecke« bewältigen. Wenn es nicht alleine geht, dann darf durchaus geholfen werden!

Reifenwerfen

In einiger Entfernung von Dir liegt ein Medizinball (Turnbock). Du sollst versuchen, von einer markierten Linie aus einen Gymnastikreifen so zu werfen, daß er über den Medizinball (Turnbock) fällt.

Die Mutti sollte natürlich von viel weiter weg probieren!

Riesenschleuder

Zwischen zwei Reckständern wird eine Zauberschnur gespannt. Auf einem niedrigen Sprungkasten (in entsprechender Entfernung) stehen

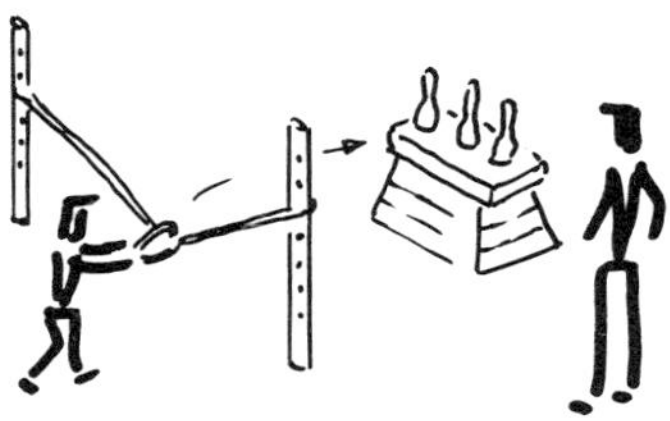

drei Keulen. Spanne nun die Schnur wie eine Bogensehne. Mit Markierungsplättchen (oder vierfach zusammengelegten Sprungschnüren) sollst Du die Keulen umschießen.

Du darfst es natürlich mehrmals probieren. – Nur die umgefallenen Keulen zählen.

Wer braucht weniger Versuche, bis alle Keulen liegen?

Robotergang

Lege eine Mannschaftsschleife um Deine Fußfesseln und spanne sie durch Grätschen der Beine. Dann leg auf die Schleife einen Gymnastikball und versuche so zu gehen, daß der Ball nicht herunterfällt.

Du wirst sehen, Du gehst auf einmal wie ein Roboter. Versuche »gewöhnlich« zu gehen! Versuche auf einer Turnbank eine Länge zu gehen!

Die Mutti kann vielleicht auch die Turnbank übersteigen, ohne den Ball zu verlieren!

Rutschen

An einer Sprossenwand wird eine Turnbank schräg eingehakt. Vor und unter der Bank sowie an der Sprossenwand liegen Matten. Ihr sollt die Sprossenwand hinaufklettern, Euch auf die Turnbank setzen und hinunterrutschen.

Wenn es zuwenig rutscht, dann entweder die Bank steiler stellen oder ein Tuch (Teppichfliese, Karton ...) unterlegen.

Man kann natürlich auf alle möglichen Arten rutschen! – Wer erfindet lustige und »ungefährliche« Rutschformen?

Schaukeln

Die Schaukelringe werden möglichst niedrig gestellt (30 bis 40 cm über der Matte) und ausreichend Matten daruntergelegt. Im Sitzen, im »Hocken« oder im Stehen in den Ringen dürft Ihr nun schaukeln.

Vorsicht beim »Abbremsen«!

Schrägaufzug

Turnbänke werden an der Sprossenwand verschieden hoch eingehakt. Von der obersten Sprossenwandsprosse hängt ein Seil (= zusammengeknüpfte Sprungseile) herunter. Du mußt versuchen, Dich im Sitzen nur mit Gebrauch Deiner Hände am Seil hochzuziehen. Die Aufgabe gilt als gelöst, wenn Du mit beiden Füßen die Sprossenwand berührst.

Auch ein Hochziehen in Bauchlage ist möglich! – Wer schafft die steilste Turnbank?

Skateboardslalom

Auf einen mit Rollen versehenen Schwebebalkenständer (oder Tortransportrollen) wird ein Sprungbrett gelegt. Du sollst nun auf diesem »Skateboard« kniend oder sitzend eine mit Keule markierte Slalomstrecke möglichst geschickt durchfahren.

Wenn eine Keule umfällt, mußt Du von vorne beginnen!

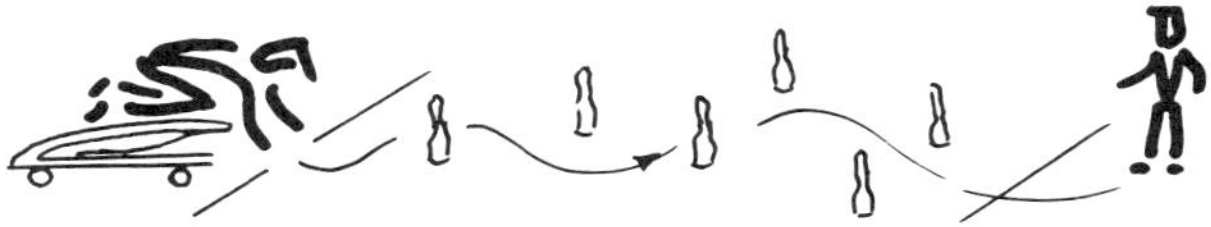

Stabbalancieren

Du sollst einen Turnstab auf verschiedene Arten balancieren, ohne ihn fassen zu müssen und ohne daß er zu Boden fällt.

Du mußt zuerst die einfacheren Aufgaben geschafft haben, um die schwierigeren probieren zu dürfen, z. B.:

- Balancieren auf der flachen Hand,
- Balancieren auf dem Oberarm,
- Balancieren auf dem Kinn,
- Balancieren im Gehen usw.

Stab-Erwischen

Stelle einen Turnstab senkrecht vor Dir auf den Boden. Laß den Stab aus, klatsch in beide Hände und faß ihn wieder, ehe er umfällt.

Laß den Stab aus, klatsche hinter Deinem Rücken in beide Hände und faß ihn schnell wieder.

Laß den Stab aus, dreh Dich rasch einmal um und faß ihn, ehe er umfällt.

Wer erfindet noch andere interessante Aufgaben?

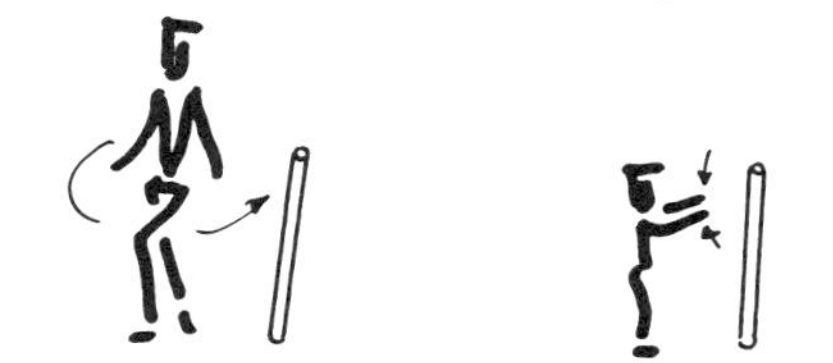

Tarzanweitspringen

Du nimmst ein Tau in die Hand und stellst Dich auf eine Turnbank (oder einen Sprungkastenkopf). Spring ab, laß Dich über den »Abgrund« pendeln und dann in den Weichboden fallen.

Auf dem Weichboden sind »Niedersprungzonen« markiert. Du darfst es mehrmals probieren.

Wer kommt weiter? Wie kommt man am weitesten?

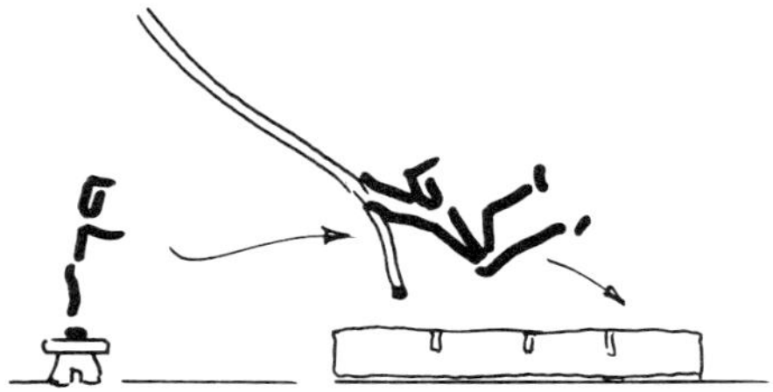

Tunnelfrisbee

Du sollst hier Deine Wurfgenauigkeit unter Beweis stellen. Versuche von einer Markierung aus durch die aufgestellten Kastenrahmen so hindurchzutreffen, daß die Frisbeescheibe keinen der Rahmen im Flug berührt.

Du darfst es mehrmals versuchen. Die Mutti geht natürlich etwas weiter weg. – Für das Kind kann auch ein zweiter Tunnel mit enger gestellten Rahmen aufgebaut werden.

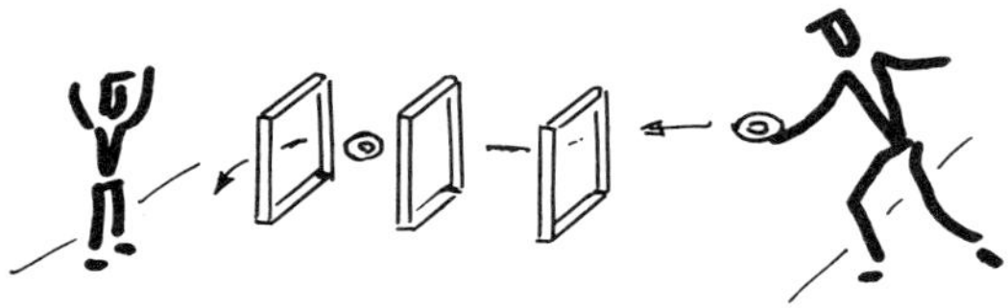

Abenteuer-Partnerspielstationen

Nr.	Stationsbezeichnung	Beanspruchung	Material
1	Affenfangen	Schnelligkeit, Kraft	Kletterstangen, Sprungkasten
2	Bankschaukel	Gleichgewicht	2 Turnbänke
3	Bankrutschen	Mut, Geschicklichkeit	Sprossenwand, Turnbank
4	Blindball	Bewegungsgefühl	Papierkorb, Ball, Matten Augenbinde (Sporttasche)
5	Blindenslalom	Bewegungsgefühl	Keulen, Augenbinde
6	Doppelbeinkegeln	Geschicklichkeit	Keulen, Ball, Sprungseil
7	Doppelseiltanzen	Gleichgewicht	Turnbank
8	Handtuchball	Bewegungsgefühl	Handtuch, Ball
9	Häuptlingskampf	Bewegungsgenauigkeit	Recksäule, Sprungseile, Softbälle
10	Klammeräffchen	Kraft, Mut	Sprossenwand, Leiter
11	Kriechkopfballtransport	Kraft, Gewandtheit	Gitterleiter, Turnbank, Ball
12	Papierkorbfrisbee	Bewegungsgefühl	Frisbee, Papierkorb, Turnbank
13	Partnerschnurspringen	Bewegungsgefühl	Sprungseil
14	Säckchentennis	Bewegungsgenauigkeit	Säckchen, Tennisball
15	Schachtschlüpfen	Gewandtheit	2 Turnbänke, Matten
16	Schiffchenfahren	Geschicklichkeit	Sprungbrett, Turnstäbe
17	Sitzschaukel	Mut, Gleichgewicht	Ringe, Turnstäbe, Matten
18	Sprungseilziehball	Bewegungsgefühl, Bewegungsphantasie	Sprungseil, Medizinball, Matte, Volleyball, Tennisball
19	Stab-Erwischen	Reaktionsschnelligkeit	Turnstab, Sprungkasten
20	Stabfassen	Reaktionsschnelligkeit	Turnstäbe
21	Stangenball	Kraft, Bewegungsgefühl	Kletterstangen, Ball
22	Stehschaukel	Mut, Gleichgewicht	Ringe, Turnstäbe, Matten
23	Tauball	Kraft, Bewegungsgenauigkeit	Klettertau, Turnbänke, Ball
24	Überfuhr	Bewegungsgefühl, Kraft	Sprungbrett, Rollvorrichtungen, Sprungseile, Handgeräte
25	Zielblasen	Bewegungsgenauigkeit	Tischtennisball, Loch

Affenfangen

Einer von Euch (der »Affenfänger«) sitzt in einem offenen Sprungkasten (zwei bis drei Rahmenteile), der in einiger Entfernung von den Kletterstangen (Leitern, Sprossenwänden) steht. Der andere (der »Affe«) sitzt auf einer Matte neben dem Klettergerät.

Auf »los« klettert der »Affe« möglichst schnell hoch. Der »Affenfänger« steigt aus dem Sprungkasten, läuft zum »Affen« hin und versucht, ihn während des Kletterns vom Boden aus abzuschlagen. (Nachklettern ist nicht erlaubt!)

Wenn die Mutter »Affenfänger« ist, dann muß sie vor dem Abschlagen noch mindestens dreimal um den Sprungkasten herumlaufen.

Bankschaukel

Auf einer umgedrehten Turnbank (Schmalseite oben) liegt eine zweite ebenfalls umgedrehte Turnbank in rechtem Winkel.

Die Mutter stellt sich an ein Ende der oberen Bank, das Kind an das andere Ende. Ihr sollt versuchen, auf dieser »Bankschaukel« in verschiedenen Stellungen (liegen, sitzen, stehen) das Gleichgewicht so zu halten, daß kein Bankende den Boden berührt.

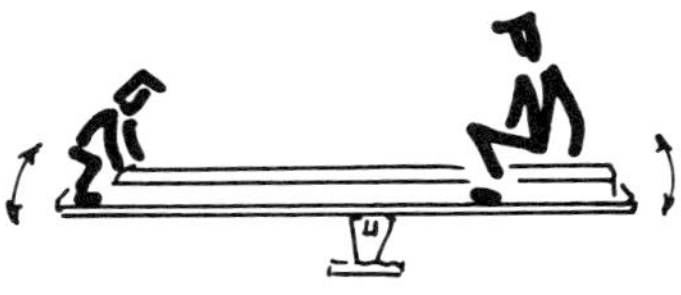

Bankrutschen

Eine Turnbank wird an der Sprossenwand schräg eingehakt. Vor dem am Boden stehenden Ende der Bank wird eine Turnmatte hingelegt.

Mutter und Kind klettern gemeinsam die Sprossenwand hinauf, setzen sich auf die Turnbank und rutschen hinunter. Das Kind sitzt am besten auf dem Schoß der Mutter (Blick zur Mutter oder Blick nach unten).

Wenn Ihr nicht genügend rutschen könnt, dann stellt entweder die Bank steiler oder legt ein Tuch (Pullover, Teppichfliese ...) unter das Gesäß der Mutter!

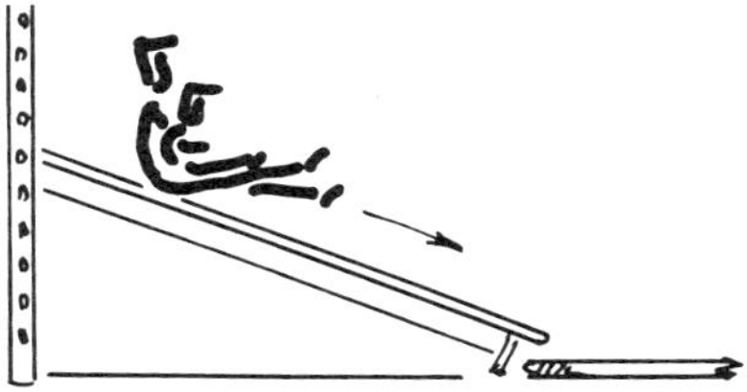

Blindball

Einer von Euch bekommt die Augen verbunden und einen Ball in die Hand. In einiger Entfernung steht ein Papierkorb. Der »Blinde« soll mit dem Ball hineintreffen.

Der »Sehende« gibt genaue Anweisungen, damit es gelingt.

Blindenslalom

Einer von Euch hat die Augen verbunden. Er stellt sich am Beginn eines – durch Kegel markierten – »Slalomkurses« auf. Der andere muß versuchen, ihn durch Zurufe geschickt durchzulotsen.

Wenn ein Kegel umfällt, muß von vorne begonnen werden. Wer schafft es ohne Fehler?

Jeder darf es mehrmals versuchen!

Doppelbeinkegeln

Ihr steht nebeneinander und habt die inneren Beine zusammengebunden. Mit diesem »Doppelbein« sollt Ihr versuchen, drei Kegel, die in einiger Entfernung stehen, mit einem Ball, der vor Euch liegt, zu treffen.

Ihr dürft es mehrmals versuchen.

Doppelseiltanzen

Ihr steht auf der Schmalseite einer umgedrehten Turnbank einander gegenüber.

Ohne vom »Seil« (der Turnbank) zu fallen, müßt Ihr versuchen, an das andere Bankende zu gelangen. – Es gibt verschiedene Schwierigkeitsgrade, z. B.:

a) Ein Partner kniet sich nieder (Bankstellung), und der andere übersteigt ihn.
b) Die Mutter stellt sich in weiter Grätschstellung in die Mitte der Bank, das Kind kriecht, sich seitlich windend, durch ihre Beine durch.
c) Ihr geht aufeinander zu, umfaßt einander und tauscht Platz.

Ihr dürft jeden Schwierigkeitsgrad mehrmals versuchen.

a) b) c)

Handtuchball

Ihr habt zwischen Euch ein Handtuch gespannt (jeder hält zwei Zipfel), auf dem ein Ball liegt. Durch geschicktes Bewegen des Handtuchs sollt Ihr den Ball hochwerfen und wieder mit dem Handtuch auffangen.

Ihr dürft dabei auch hin- und herlaufen. – Könnt Ihr den Ball auch gegen die Wand werfen und wieder mit dem Handtuch einfangen?

Häuptlingskampf

Jeder von Euch bindet sich ein Sprungseil um den Bauch und befestigt sich mit einem zweiten Sprungseil an einem »Marterpfahl« (= Recksäule). In den Händen hat jeder drei Softbälle (Stoffbälle, Indiaca).

Jeder versucht nun den anderen abzuschießen. Dabei darf man nur nach der Seite ausweichen, das heißt, das Sprungseil muß immer gespannt bleiben. (Vorsicht!)

Wer erzielt mehr gültige Treffer?

Klammeräffchen

Das Kind setzt sich mit gegrätschten Beinen von vorne auf die Hüften der Mutter, klammert sich mit den Beinen fest an und umfaßt die

Mutter auch mit den Armen. Die Mutter klettert mit dem »Klammeräffchen« die Sprossenwand mehrmals hinauf und hinunter.

Auch Leitern oder Gitterleitern können verwendet werden.

Kriechkopfballtransport

Eine Turnbank ist an der Gitterleiter auf der ersten (zweiten, dritten) Sprosse schräg eingehakt. Ihr sollt einen Volleyball (Gymnastikball) so vom Bankende aus zur Gitterleiter hintransportieren, daß er zwischen Euren Köpfen eingeklemmt ist. Einer kriecht dabei auf allen vieren vorwärts, der andere rückwärts.

Die Aufgabe gilt dann als gelöst, wenn der Ball vom Bankende hinter der Gitterleiter zu Boden fällt. Er darf nur mehr mit den Köpfen berührt werden.

Vorsicht beim »Rückwärtsdurchklettern« der Gitterleiter! Am besten kriecht zuerst einmal die Mutter rückwärts!

Ihr dürft es auf jeder Höhe (Sprosse) mehrmals versuchen.

Papierkorbfrisbee

Das Kind steht hinter einer Turnbank und hält einen Papierkorb (alte Schachtel) in beiden Händen. Die Mutter steht gegenüber hinter einer markierten Linie. Sie wirft eine Frisbeescheibe auf das Kind zu.

Dieses hat die Aufgabe, die Frisbeescheibe mit dem Papierkorb zu fangen.

Ihr dürft es mehrmals versuchen. – Dann tauscht die Rollen!

Partner-Schnurspringen

Ihr steht nebeneinander, die inneren Hände gefaßt, die äußeren Hände erfassen je ein Sprungseilende. Versucht nun Eure Sprungkünste.

Zunächst sollt Ihr das Seil nach vorne durchschwingen und möglichst oft überspringen, dann dasselbe rückwärts. Vielleicht schafft Ihr es sogar, wenn einer von Euch eine halbe Drehung macht und mit dem Gesicht in die Gegenrichtung blickt.

Wenn es gar nicht geht, dann kann sich das Kind auch knapp vor die Mutti stellen, die das Sprungseil alleine durchschwingt. – Das gelingt aber dann ganz bestimmt.

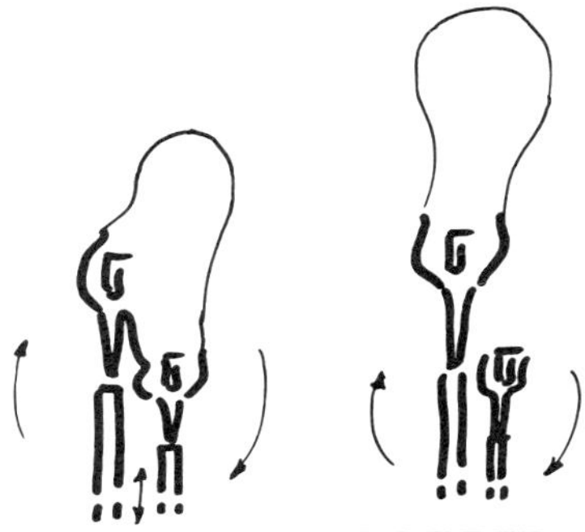

Säckchentennis

Einer von Euch hält ein Säckchen in der Hand, der andere einen Tennisball. Der Tennisball soll gegen den Boden geprellt werden, und der andere soll ihn dann mit dem Säckchen »auffangen«.

Nach einigen gelungenen Versuchen erfolgt Rollentausch!

Wenn Ihr es gut könnt, dann stellt Euch weiter auseinander oder werft den Ball einmal anders (z. B. über den Kopf, verkehrt durch die geöffneten Beine usw.).

Auf eine genügend große Öffnung des Säckchens ist zu achten. Verschiedene Größen ermöglichen eine dem Können entsprechende Differenzierung.

Schachtschlüpfen

Ihr kommt an einen Schacht (zwei Turnbänke, über denen Matten liegen), durch den Ihr auf verschiedene Weise durchkriechen sollt.

a) auf dem Bauch – Kopf voraus
b) auf dem Rücken – Kopf voraus
c) auf dem Bauch – Füße voraus

Ihr beginnt knapp hintereinander aus dem Stehen und müßt auch wieder zum Stand am anderen Ende gelangen.

Wer schafft es schneller – die Mutter oder das Kind?

Schiffchenfahren

Das Kind setzt (kniet) sich in das Schiff. Das Schiff ist ein umgedrehtes Sprungbrett, das auf zwei Turnstäben liegt. Durch Abstoßen mit den Händen vom Boden versucht es eine bestimmte Strecke zu fahren. Die Mutter hält einen dritten (oder vierten) Turnstab in der Hand und legt ihn so vor das Sprungbrett, daß das Schiff weiterfahren kann. Den hinten »frei« werdenden Stab legt sie dann schnell wieder nach vorne.

Wenn es gut funktioniert hat, tauscht Ihr die Rollen. – Vorsicht! Auf die Finger aufpassen!

Sitzschaukel

Die Mutter sitzt auf Turnstäben, die durch niedrig hängende Schaukelringe gesteckt wurden. (Man kann die Stäbe auch mit Mannschaftsschleifen an die Ringe anbinden.)

Gibt es keine Turnstäbe, dann können auch die Beine der Mutter durch die Ringöffnungen gesteckt werden (»Schlankheitstest«).

Das Kind sitzt auf dem Schoß der Mutter mit Blick zu ihr und hält sich an der Mutter oder an den Ringseilen fest. Die Mutter erfaßt ebenfalls die Seile und versucht nach Beinabstoß ins Schaukeln zu kommen.

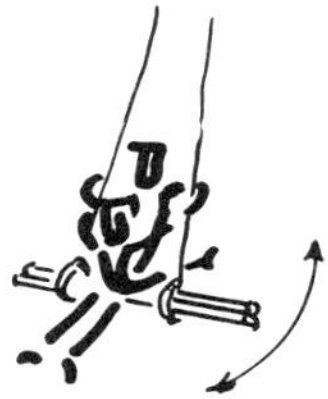

Sprungseilziehball

Drei verschieden große Bälle – ein Medizinball, ein Volleyball, ein Tennisball – sollen vom Boden auf eine Turnmatte nur mit Hilfe eines Sprungseiles hinaufgezogen werden. Jeder von Euch hat ein Ende des Sprungseiles in der Hand.

Es ist gar nicht so leicht, aber mit viel Geduld und ein wenig Nachdenken gelingt es bestimmt!

Stab-Erwischen

Ihr steht in etwa zwei Schritten Entfernung voneinander. Jeder von Euch hat einen Turnstab. Ihr stellt diesen Turnstab senkrecht auf den Boden und haltet ihn am oberen Ende mit einer Hand fest.

Auf ein vereinbartes Zeichen laßt Ihr schnell Euren Stab los und versucht den anderen Stab zu erwischen, ehe er umfällt. – Wenn es gut gelungen ist, könnt Ihr die Entfernung allmählich immer weiter steigern!

Wie muß man den Stab auslassen, damit er möglichst lange stehenbleibt?

Stabfassen

Das Kind legt den Unterarm so auf einen Sprungkastenkopf, daß die geschlossene Hand ein wenig über den Kasten hinausragt, und öffnet die Faust. Die Mutti läßt einen markierten Turnstab durch die geöffneten Finger fallen. Das Kind soll den Stab, wenn er fällt, möglichst schnell fassen.

Nun probiert Ihr es umgekehrt! – Wer hat schneller reagiert? An den Markierungen könnt Ihr es erkennen.

Stangenball

Einer von Euch hängt mit je einer Hand an einer Kletterstange, seine Füße dürfen den Boden nicht berühren. Der andere steht in einiger Entfernung und hält einen Gymnastikball in der Hand. Er wirft den Ball so, daß ihn der Hängende mit den Beinen fangen kann.

Der Fänger muß den Ball aber wirklich sicher mit den Beinen festhalten. Ihr dürft es mehrmals versuchen.

Stehschaukel

Ihr steht mit dem Gesicht zueinander auf Turnstäben, die durch niedrig hängende Schaukelringe gesteckt werden. Die Mutter umgreift dabei die Hände des Kindes, das mit jeder Hand ein Schaukelringseil erfaßt. In dieser Stellung versucht Ihr ins Schaukeln zu kommen.

Beim Absteigen ist es günstig, die Ringe entweder etwas ausschaukeln zu lassen oder ein anderes Paar zu bitten, beim »Bremsen« zu helfen! – Vorsicht!

Tauball

Rechts und links von den Klettertauen steht in einiger Entfernung je eine Turnbank. Einer von Euch nimmt ein Tau und stellt sich auf eine Turnbank. Der andere nimmt einen Hohlball und stellt sich auf die andere Bank.

Der eine pendelt nun herüber, ohne mit irgendeinem Körperteil den Boden zu berühren. Man darf dabei auf dem Tauknoten stehen oder sitzen. Der andere wirft den Ball derart, daß er mit irgendeinem

Körperteil so zurückgespielt werden kann, daß ihn der Werfer wieder fangen kann, ohne von der Turnbank steigen zu müssen.

Es ist wirklich schwierig, aber mit einiger Geduld gelingt es bestimmt!

Überfuhr

Ihr stellt Euch auf die »Überfuhr« (= Sprungbrett auf Rollvorrichtungen, z. B. Tortransportrollen, Balkentransportrollen oder Turnstäbe). Durch Entlangziehen am Zugseil sollt Ihr das andere »Flußufer« erreichen (Bodenmarkierung). Dort findet Ihr Geräte, die Ihr zurücktransportieren sollt.

In den »Fluß« gefallene Geräte sind verloren. Bei den Überfahrten darf kein Körperteil den Boden (= Wasser) berühren, sonst müßt Ihr von vorne beginnen.

Mehrere Überfahrten (jeweils Hin- und Rückfahrt) sind erlaubt!

Zielblasen

Ihr liegt beide auf dem Bauch hinter einer markierten Linie und versucht durch gemeinsames bzw. gleichzeitiges Blasen einen Tischtennisball in ein Loch (Öffnungen für Volleyballsäulen, Recksäulen ...) hineinzublasen.

Vorsicht! Unbedingt vorher ein Tuch in das Loch hineinstecken, sonst bekommt Ihr den Tischtennisball nicht mehr heraus!

Ihr habt mehrere Versuche.

*

VII. Zur historischen Entwicklung des Mutter-Kind-Turnens

Anläßlich der Eröffnung des neu erbauten Instituto Nacional de Educatión Fisica y Deportes (INEF) in Madrid fand der 1. Weltkongreß für Leibes- und Sporterziehung in der Zeit vom 13. bis 18. September 1966 statt.[1]

Dort sah ich zum ersten Mal ein »Mutter-Kind-Turnen«.

Ich war vom Direktor des Institutes, Jose Maria Cagigal, eingeladen worden, im Rahmen des Kongresses die »österreichische Arbeitsweise« im Schulturnen anhand praktischer Demonstrationen mit Schülern verschiedener Altersstufen zu zeigen. Unmittelbar vor meinen Darbietungen, die sich sehr erfolgreich gestalteten[2], gab es eine Vorführung mit dem Titel »Matrogimnasia o gimnasia simultanea para madres e hijos«.[3] Der Madrider Club Fami, der wenige Jahre vorher mit derartigen Aktivitäten begonnen hatte, zeigte nach einleitenden Worten des Vizedirektors des Instituts, Dr. med. Carlos Gutierrez

Salgado, einen Ausschnitt aus den Übungsstunden des Clubs. Die erfrischenden, natürlichen Darbietungen der Kinder und Mütter überzeugten mich von der Notwendigkeit, derartiges auch in Österreich zu versuchen. Gespräche mit Univ.-Prof. Dr. Hans Groll und Univ.-Prof. Dr. Ludwig Prokop beim Heimflug bestärkten mich in meiner Absicht, einen Versuch zu wagen.[4]

Nach der Zusammenstellung einiger Stundenbilder für die ersten Stunden war es soweit. Meine Mutter Elisabeth Schmidt erklärte sich bereit, von ihrer seit Jahren bestehenden Kleinkinderabteilung aus das Projekt »Mutter-Kind-Turnen« zu starten. Der Turnrat der Österreichischen Turn- und Sport-Union, Turnerschaft Landstraße (Wien) gab seine Zustimmung, und so begann das Experiment schon im Jänner 1967.

Die »Mu-Ki-Abteilung«, wie sie liebevoll genannt wurde, wuchs so rasch, daß sie sehr bald geteilt werden mußte, und somit zwei Abteilungen geführt wurden.

Andere Vereine in Wien und den Bundesländern begannen, nicht zuletzt durch meine Veröffentlichungen[5] angeregt, sich dafür zu interessieren.

1971 wurde vom Landesverband Wien der Österreichischen Turn- und Sport-Union ein erster »Kurzlehrgang« unter meiner Leitung veranstaltet, an dem gleich 140! Interessenten teilnahmen. Von da an war die Durchsetzung der Grundidee nicht mehr aufzuhalten.

Im Oktober 1972 wurde ich das erste Mal eingeladen, gemeinsam mit meiner Mutter Elisabeth in der Schweiz für den »Schweizerischen Frauenturnverband« einen Lehrgang ausschließlich zum Thema »Mutter-Kind-Turnen« zu halten. In der Folge wurden wir immer wieder (von 1972 bis 1978) eingeladen, auch vom »Schweizerischen Verband katholischer Turnerinnen« und vom »Schweizerischen Katholischen Turn- und Sportverband«, und leisteten durch die Ausbildung von insgesamt ca. 500 Leiterinnen einen beachtlichen Beitrag zur Entwicklung des Mutter-Kind-Turnens in unserem Nachbarland.

1976 fand in Wien der erste »Lehrwarte-Spezialkurs« zu diesem Thema statt, der von der Bundesanstalt für Leibeserziehung Wien ausgeschrieben und durchgeführt wurde.

Der Bekannheitsgrad des Mutter-Kind-Turnens wuchs auch durch Vorführungen dieser Abteilungen bei Schauturnen und Turnfesten der Vereine und Verbände. Ich selbst leitete z. B. bei Turnfesten des

Landesverbandes Wien der Österreichischen Turn- und Sport-Union in der Wiener Stadthalle vor zahlreichen fachkundigen Zuschauern im April 1980[6] und im Mai 1984 derartige Vorführungen.

Das Mutter-Kind-Turnen zählt heute zum Angebot von gut geführten Turn- und Sportvereinen. Aber auch die Volkshochschulen beginnen, sich des Themas anzunehmen.

Als Leiter empirischer Proseminare konnte ich Studentinnen dafür interessieren, die Verbreitung des Mutter-Kind-Turnens in verschiedenen österreichischen Bundesländern mittels Fragebogen zu erheben. Durch stichprobenartige Kontrolle der angeführten Veranstaltungen überzeugte ich mich von der Richtigkeit und Vollständigkeit der Angaben. Sie hielten, bis auf wenige Ausnahmen, der Überprüfung stand.

Die nachfolgenden Zahlen stammen aus unveröffentlichten Proseminararbeiten des Instituts für Sportwissenschaften der Universität Wien. Sie erheben keinen Anspruch auf Vollständigkeit, geben aber dennoch einen Einblick in die allmähliche, gesunde Aufwärtsentwicklung auf diesem Gebiet.

In den Jahren 1977, 1978 und 1979 gelang es mir, Unterlagen von allen Bundesländern zu erhalten. Damals gab es folgende Angebote in Vereinen:

Burgenland	0
Kärnten	1
Niederösterreich	12
Oberösterreich	22
Salzburg	8
Steiermark	8
Tirol	2
Vorarlberg	1
Wien	23

Insgesamt also, wenn man auch einkalkuliert, daß manche Vereine nicht erreicht wurden bzw. nicht antworteten, ungefähr 80 bis 100 Vereine mit Mutter-Kind-Abteilungen.

Von 3 Bundesländern liegen Vergleichszahlen für Vereine mit Mutter-Kind-Abteilungen vor:

Burgenland	1982	5
Oberösterreich	1986	30
Wien	1986	30

Aus diesem Zuwachs einen allgemeinen Trend abzuleiten ist zwar unzulässig, dennoch ist es realistisch anzunehmen, daß österreichweit derzeit etwa 100 bis 120 Vereine ein Mutter-Kind-Turnen anbieten.

Während der Zuwachs in Wien vor allem auf den Einstieg der Volkshochschulen zurückzuführen ist, entdecken in den übrigen Bundesländern immer mehr Turnvereine die Möglichkeiten des Mutter-Kind-Turnens.

Wenn man die bestehenden Mutter-Kind-Abteilungen nach Dachverbänden bzw. Institutionen aufschlüsselt, ergibt sich derzeit folgendes Bild:

58 % UNION	(Österreichische Turn- und Sport-Union)
24 % ASVÖ	(Allgemeiner Sportverband Österreichs)
10 % VHS	(Volkshochschule)
5 % ASKÖ	(Arbeitsgemeinschaft für Sport und Körperkultur Österreichs)
2 % KG	(Kindergarten)
1 % USI	(Universitätssportinstitut)

Die besonders günstige Entwicklung bei der Union in Wien und Oberösterreich ist sicherlich auch auf die Tatsache zurückzuführen, daß ich für diese Landesverbände je 5 Wochenendlehrgänge zum Thema Mutter-Kind-Turnen und Kleinkinderturnen abgehalten habe (in Wien 1971, 1975, 1983, 1984, 1986, in Linz 1973, 1975, 1978, 1983, 1986).

Es besteht heute aber auch die Tendenz, vom »etablierten« Titel wegzukommen, schon durch die Bezeichnung auszudrücken, daß es nicht nur Aufgabe der Mütter, sondern vor allem auch der Väter ist, sich um die leiblich-seelische Entwicklung ihrer Kinder zu kümmern, zu bemühen, verantwortlich zu fühlen und sie nach Kräften zu fördern. (Ein neuer Titel wäre z. B. Familienturnen oder Eltern-Kind-Turnen.)

Den entscheidenden Hinweis auf ein Mutter-Kind-Turnen, das schon drei Jahrzehnte früher in Deutschland regelmäßig durchgeführt wurde, verdanke ich Herrn Univ. Dozent Dr. H. Strohmeyer.

Als Begründer des Mutter-Kind-Turnens in Deutschland muß demnach Hermann Ohnesorge angesehen werden. Er beschäftigte sich bereits in den zwanziger Jahren intensiv mit dem Kleinkinderturnen. Artikel in Fachzeitschriften geben Zeugnis davon.

»Ohnesorge regt die Mütter dazu an, seine Kinderturnstunden zu besuchen. Bald sind die Mütter so begeistert, daß sie sich selbst aktiv beteiligen und mitturnen. Man sieht nicht nur strahlende Kinderaugen, sondern auch glückliche Mütter. Die ersten Schritte zu einem Mutter- und Kind-Turnen sind gegeben.«[7]

Mila Perron, eine Kreisfrauenwartin, schreibt dazu: »Eine Stunde, in der die Mutter einmal liebende, sorgende Hilfe bedeutet, dann aber auch Spielgefährtin ihres Kindes ist und außerdem selbst für sich körperlich Gewinn hat. Diese drei Forderungen muß die Turnstunde erfüllen, wenn sie ihrer Aufgabe gerecht werden will.«[8]

In der Deutschen Turnzeitung und vor allem in der Deutschen Frauenturnzeitung finden sich immer wieder Beiträge zum Mutter-Kind-Turnen mit vielen anschaulichen Bildern.[9]

Verhältnismäßig früh gibt es auch schon ein richtiges Lehrbuch zum Thema, und zwar von Ernst Steinhaus, einem Turnlehrer aus Dresden. Es erschien im Limpert-Verlag 1937.

Hermann Ohnesorge schreibt dazu: »Es geht alle an, die sich mit dem Kleinkinderturnen beschäftigen, am meisten aber die Mütter. Es ist das erste Buch dieser Art, das den Versuch unternimmt, das Turnen mit dem Kleinkind auf volkstümlicher Grundlage darzustellen. Unter Kleinkind verstehen wir die 2–4jährigen Kinder. Für dieses Lebensalter sind in erster Linie die Aufzeichnungen des Buches gedacht. Das schließt nicht aus, auch mit noch jüngeren Kindern im Hause regelmäßig zu turnen. Mit dem 5. Lebensjahr etwa beginnt das Kind aus dem Spielkreis der »Mutti« herauszuwachsen, es sucht die gleichaltrige Gemeinschaft, in der es um seine Selbständigkeit ringt und eigene Erlebniswege geht. Bis dahin klettert es gar zu gern an der Mutter herum, und je mehr die Mutter kann und mit dem Kind anzufangen weiß, desto mehr will das Kind können.

Man hat sich den Aufgaben, die im »Kleinkinderturnen« und noch mehr im Turnen »Mutter und Kind« liegen, erst in den letzten Jahren zugewandt. Sicherlich hat man ganz mit Unrecht diese Aufgabe vernachlässigt. Es muß doch jedem einleuchten, daß Versäumnisse in der körperlichen Entwicklung in diesem Lebensalter später bei der immer größer werdenden Inanspruchnahme des Kindes nur schwer aufzuholen sind.

Alle Mütter übernehmen für ihre Kinder viel schwere Erziehungspflichten, warum sollten sie nicht geeignet sein, die körperlichen Erziehungsaufgaben gleich gut lösen zu können? Es kommt noch hinzu – und das möchte ich besonders stark hervorheben –, daß das Turnen der Mutter mit dem Kind ihr selbst immer neuen Anreiz gibt, mit dem Kinde beweglich, leistungsfähig und jung zu bleiben. Nirgendwo anders kann ihr dafür besser Gelegenheit geboten werden. Es kann und darf keine Mutter geben, die sich diesem Spiel mit dem Kind nicht freudig unterziehen würde.«[10]

Die Kriegsjahre in Deutschland, Jahre in denen viele Väter eingerückt waren, brachten Mütter und Kinder in eine ganz spezielle Situation.

Die Mütter waren in der Erziehung der Kinder oft ganz allein auf sich gestellt, sie mußten vieles selbst entscheiden, die ganze Verantwortung lag auf ihren Schultern. Es ist daher verständlich, wenn die Forderung nach Einbeziehung der Väter in das gemeinsame Turnen damals nicht nachhaltig gestellt wurde.

Nach dem Krieg waren all diese hoffnungsvollen Ansätze jahrelang verschüttet, und erst nach dem Madrider Kongreß (1966) tauchen die ersten Veröffentlichungen zum Thema Mutter-Kind-Turnen auf (Schmidt 1968, Palm 1969, Schulz 1970).

Unserer Zeit, gekennzeichnet durch umfangreichere Einsichten in Zusammenhänge, bessere Erziehungsforschung, Renaissance ganzheitlicher Bildungsvorstellungen und dem Aufkommen von partnerschaftlichem Verhalten in den Familien, bleibt es vorbehalten, die damals begonnene Entwicklung sinnvoll fortzusetzen und zeitgemäß auszugestalten.

---

1. Actas del Congreso mundial de educación fisica y deportiva, Madrid 1968.
2. Leibesübungen – Leibeserziehung, Wien 1966, Heft 10, S. 18.
3. Actas del Congreso ..., S. 43 und 530 (Foto).
4. Leibesübungen – Leibeserziehung, Wien 1975, Heft 10, S. 232.
5. Leibesübungen – Leibeserziehung, Jahrgang 1968, Heft 6, S. 14; Fachbeilage der Union-Post, Jahrgang 1968, Blatt 35ff.
6. Union-Post, Jahrgang 1980, Heft 6/7, S. 12f.
7. Katzenberger, Christine: Die Entwicklung des außerschulischen Kinderturnens im deutschen Sprachraum vom Philanthropismus bis zur Gegenwart. Hausarbeit am IfS-Wien, 1975, S. 73.
8. Deutsche Frauen-Turnzeitung 1940, Folge 6, S. 53.
9. z. B. Deutsche Turnzeitung 1937, Folge 17, S. 355: »Wir wollen turnen Mutti«; Deutsche Frauen-Turnzeitung 1938, Folge 5, S. 74: »Frisch sei das Herz und lebendig der Sinn«.
10. Deutsche Turnzeitung 1937, Folge 5, S. 96.

Folgende Studentinnen des Instituts für Sportwissenschaften der Universität Wien haben bei der Erhebung der empirischen Daten mitgearbeitet:

Casal Rita, Eichhorn Heike, Gruber Gerlinde, Neumann Roswitha, Reichl Ulrike, Schmidt Karin, Schumann Andrea, Satzke Michaela, Ullmann Andrea, Wieser Gabriele, Zottler Lydia.

Aktuelle Probleme und Lösungsvorschläge

Probleme, Hindernisse und Schwierigkeiten, die der weiteren Verbreitung des Mutter-Kind-Turnens im Wege stehen, gibt es mehrere:

1. Das Elternproblem

»Der größte Risikofaktor für die Kinder sind die Eltern« (Prokop 1986). Passivität und mangelndes Engagement von vielen Müttern und leider noch mehr Vätern sind das größte Hindernis!

Viel zu viele Eltern geben ihre Kinder lieber in einer Kleinkinderabteilung ab oder plazieren diese vor dem Fernseher, um selbst frei zu sein, statt die nicht wiederkehrende Chance des freudvollen Bewegens miteinander, des aktiven Teilhabens an der kindlichen Entwicklung zu beiderseitigem Vorteil zu nützen.

Eltern bedenken oft den Vorteil nicht, der darin besteht, daß sie sich in der gleichen Übungsstunde mit ihren Kindern ausgiebig bewegen können und damit zu ihrem persönlichen Wohlbefinden beitragen. Wenn sie allein eine Gymnastik- oder Fitsport-Abteilung besuchen, dann brauchen sie in dieser Zeit meist jemanden, der auf ihr Kind aufpaßt. Warum also nicht gleich miteinander turnen? Es ist dies außerdem ein beachtlicher Beitrag zur Förderung der Harmonie innerhalb der Familie.

Ein ebenso großes Problem sind allerdings überehrgeizige Eltern! Sie sehen in ihrem Kind den künftigen »Champion« und setzen es unter Leistungsdruck – manchmal auch unausgesprochen! Hier können aufklärende Worte des Übungsleiters hilfreich sein.

Es gibt für kleine Kinder keinen größeren Kummer, als den Erwartungen der Eltern nicht zu entsprechen. Trotz, Lustlosigkeit, Inaktivität, Hemmungen und Angst haben oft hier ihre Wurzeln.

Jede Leistung sollte als freiwilliges Geschenk des Kindes betrachtet und belobt werden. Bei richtiger Leitung wird dieses Ziel auch spielerisch erreicht!

Das Kind sollte schließlich auch nicht zum Spielball ehrgeiziger Eltern werden!

2. Das Kinderproblem

Dieses Problem ist ebenfalls mehrschichtig; auf der einen Seite das inaktive, mutlose, »brave« Kind, auf der anderen Seite das überaktive, nicht zu bändigende, »schlimme« Kind.

Die Ursachen dafür können ganz verschieden sein – zuwenig oder zuviel Zuwendung, ununterbrochene Vorschriften oder ein gänzliches Gewährenlassen, Unreife, mangelnde Voraussetzungen usw.

Es geht hier um die pädagogische Frage des Führens – oder Wachsen-Lassens. Hier immer den richtigen Weg zu finden ist sicherlich nicht leicht, dennoch können einige Tips hilfreich sein:

Wenn das Kind erkennen läßt, daß es Übungen schon allein turnen will, dann sollte man es auch gewähren lassen. Denn das ganze Turnen und Üben ist ja als Hilfe zur Selbsthilfe gedacht! Der beginnende Ablösungsprozeß bei den größeren Kindern ist für die Mutter zwar schmerzlich, aber durchaus normal.

Ein zweiter wichtiger Punkt ist konsequentes Verhalten. Nicht einmal so, und dann wieder ganz anders! Kinder wollen wissen, woran sie sind, sie wollen sich verlassen können! Im anderen Fall werden sie ständig verunsichert! Stützen kann man sich nur auf etwas, das Widerstand leistet!

Die pädagogische Lösung sollte daher heißen: Das richtige Maß finden zwischen Führen und Wachsen-Lassen, das ist das Entscheidende!

Dieses Maß gilt es in jeder Situation neu zu finden und zu bestimmen.

Schließlich sollten die Eltern auch echte Vorbilder in Hinblick auf Einsatzbereitschaft, Anstrengungsfreude und Aktivität sein, dann lassen sich die Kinder auch nicht lange bitten, sondern mitreißen.

Eine zielführende Maßnahme bei besonders »unleidlichen« Kindern kann manchmal ein zeitweise verordneter »Mutterwechsel« während der Turnstunde sein. Das freiwillige Wechseln der »Mutter« kann ebenfalls ein vernünftiger Schritt sein, um den »Ablösungsprozeß« einzuleiten und zu verstärken.

Eine poetische Verdeutlichung des »Beziehungsproblems« Eltern-Kinder soll diesen Abschnitt beschließen.

Die feste Hand

Die als Kinder
darunter litten,
daß sie mit Zwang
und Autorität
erzogen wurden,
versuchten als Eltern,
den eigenen Kindern
das kostbare Gut
paradiesischer Freiheit
zu gönnen und ihnen
um Gottes willen
nur ja keine Lenker
und Führer zu sein,
und wundern sich nun,
wie ihre inzwischen
erwachsenen Kinder
plötzlich meinen können,
daß das, was ein Kind
am nötigsten braucht,
die feste Hand ist ...
Wie heil die Welt wäre,
gäbe es die Seligkeit,
ein Kind zu sein,
ohne die Mühseligkeit,
ein Mensch zu werden!

Dirnbeck Josef in: Der Wahnsinn hat Methode, Wien 1985.

3. Das Übungsstättenproblem

Für Partnerübungen und manche Übungen mit Handgeräten reicht die Wohnung. Um jedoch allen Möglichkeiten gerecht zu werden, braucht es schon richtige Turnhallen. Die überwiegende Anzahl der Vereine benützt Schulturnhallen. Diese werden von der Schule bis in den späten Nachmittag hinein benötigt. Es bleiben daher für die Kleinen die ungünstigen Abendstunden, statt am späten Vormittag oder frühen Nachmittag turnen zu können, wie es für sie am besten wäre. Samstage und Sonntage kommen schon wegen der Weigerung vieler Schulwarte kaum in Frage.

Die Errichtung vereinseigener Übungsstätten könnte hier Abhilfe schaffen. Auch die Ausstattung von Kinderzimmern mit Sprossenwand, Turnbank und Türreck wäre für die Kinder eine optimale Förderung.

4. Das Übungsleiterproblem

Eine Befragung nach dem Ausbildungsstand der Übungsleiter bei Mutter-Kind-Abteilungen macht dieses Problem besonders deutlich. Die Mehrzahl der Übungsleiter (60 %) gibt an, keinerlei Ausbildung auf diesem Gebiet erhalten zu haben. Lediglich die Tatsache, daß doch ein gewisser Anteil der Übungsleiter eine Volksschullehrer- (20 %) oder eine Hauptschullehrerausbildung (10 %) besitzt, entschärft das Problem ein wenig. Ganz vereinzelt leiten auch Turnprofessorinnen Mutter- und Kind-Abteilungen.

Hier sollten von den Bundesanstalten für Leibeserziehung gezielte Anstrengungen zur Verbesserung der unbefriedigenden Situation unternommen werden, denn die weitere Entwicklung wird vor allem auch von der guten Arbeit speziell ausgebildeter Übungsleiter abhängen.

5. Das Informationsproblem

Viele wissen mit dem Titel »Mutter-Kind-Turnen« nichts rechtes anzufangen. Manche verwechseln es mit Schwangerschaftsgymnastik, andere mit dem Kleinkinderturnen. Wieder andere meinen, daß dabei die Mütter und die Kinder zwar gleichzeitig, aber getrennt turnen würden. Selbst in den Sekretariaten der Dachverbände gab es bei den Umfragen Probleme mit der Zuordnung des Begriffes.

Eine klare und ansprechende Darstellung der Inhalte und Möglichkeiten des Mutter-Kind-Turnens in den Massenmedien (Fernsehen, Rundfunk, Zeitung) könnte hier sicherlich helfen, vielleicht aber auch einen Zustrom zu den bereits bestehenden Abteilungen bringen, der von diesen gar nicht bewältigt werden kann.

Jedenfalls gibt der überwiegende Anteil der Teilnehmer an, daß für sie die persönliche Information durch andere Mütter, also die Mundpropaganda, der entscheidende Anlaß war, es einmal zu versuchen. Meist kommt es auf diesen ersten Versuch an. Gelingt er, dann werden fast alle zu begeisterten Anhängern des freudvollen miteinander Spielens und Bewegens!

6. Das Problem der »Ganzheitlichkeit«

Jeder, der sich heute mit Fragen der Erziehung und der Entwicklung beschäftigt, weiß, daß uns das ganzheitliche Denken vor große Probleme stellt.

Wenn man den Kindern wirklich optimale Bedingungen bieten will, muß man eine Fülle weiterer Aspekte mitbeachten.

In diesem Buch konnte nicht einmal der leibliche (körperliche) Aspekt umfassend behandelt werden. Schwimmen, Schilaufen, Eislaufen, Rollschufahren usw. sind von ebensolcher Bedeutung für eine vielseitige »Grundausbildung« wie die im Buch angeführten Übungsbeispiele.

Der musische Bereich, von ganz entscheidender Wichtigkeit für Ausgeglichenheit und Harmonie, wurde ebenfalls nicht angesprochen und gewürdigt. Das Lied, der Reigen, der Kindertanz, das Bewegen nach Rhythmus und Musik gehören hierher.

Wenn man dann schließlich meint, wenigstens in der Bewegungserziehung schon alles getan zu haben, muß man sich noch mit den Fragen des richtigen Wohnens, der zweckmäßigen Kleidung, der Hygiene und der gesunden Ernährung auseinandersetzen. Auch auf diesen Gebieten kann so vieles falsch gemacht werden.

Weitere Umwelteinflüsse wie Lärm, Luftverschmutzung, Strahlung usw. können ebenfalls zu beachtlichen Störfaktoren für eine harmonische Entwicklung der Kinder werden.

Soll man deshalb resignieren? Weil man ohnedies nie alles beachten und richtig machen kann? Ganz im Gegenteil!

Nur wer den Mut hat, wenigstens dort, wo er persönlich einwirken kann, diese Möglichkeiten auch wahrzunehmen, kann auf lange Sicht gesehen sinnvolle Veränderungen bewirken. Den »Mut zur Lücke« müssen wir ohnedies täglich unter Beweis stellen.

Literatur

Auernheimer Arthur: Übungen mit dem Sandsäckchen für Groß und Klein. 2. Auflage 1970, Ferd. Dümmlers Verlag, 53 Bonn 1.

Bausenwein Inge, Nordhausen Ursula, Stadler Dore: Der Weg zum ersten Schritt. Unterstützende Übungen für die Bewegungsentwicklung des Kindes im ersten Lebensjahr. Georg Thieme Verlag, Stuttgart 1976.

Berdychova Jana: Vater + Mutter turnen mit mir. Der gute Tip. Südwest Verlag, München 1975.

Bergemann Margot: Leibeserziehung im Vorschulalter. Theoretische Grundlagen und Anleitungen für die Praxis in Kindergarten und Vorschule. Bardtenschlager Verlag, München 1974.

Betsch Walter (Redaktion): Bewegungserziehung im Vorschulalter. Das Stuttgarter Modell. 2. erweiterte und verbesserte Auflage 1979, Verlag Karl Hofmann, Schorndorf.

Blumenthal Ekkehard: Vorschulturnen an Geräten. Schriftenreihe zur Praxis der Leibeserziehung und des Sports, Band 36. Verlag Karl Hofmann, Schorndorf bei Stuttgart 1970.

Blumenthal Ekkehard: Bewegungsspiele für Vorschulkinder. Ein Beitrag zur Entwicklungsförderung der 3–5jährigen. Schriftenreihe zur Praxis der Leibeserziehung und des Sports, Band 70. Verlag Karl Hofmann, Schorndorf 1973.

Burger E. W., Groll Hans: Leibeserziehung. 3. Auflage, neu bearbeitet von Hans Groll, Österreichischer Bundesverlag, Wien 1971.

Diem Liselott: Spiel und Sport im Kindergarten. Ein erprobtes Konzept mit Beispielen und didaktischen Hilfen. Kösel Verlag, München 1980.

Diem Liselott: Juchhei – die Kleinsten turnen. Ein Beitrag zur Bewegungserziehung der Drei- bis Sechsjährigen. 9. Auflage 1976, Wilhelm Limpert-Verlag, Frankfurt am Main.

Diem Liselott: Wer kann ... Beispiele einer Bewegungserziehung in den ersten Schuljahren. 3. Auflage 1959, Wilhelm Limpert Verlag, Frankfurt am Main.

Diem Liselott: Auf die ersten Lebensjahre kommt es an ... Intelligenz durch Bewegungstraining. Deutsche Verlagsanstalt, Stuttgart 1976.

Diem Liselott: Sport im 1. bis 3. Lebensjahr. Kinder lernen Sport, Band 3 herausgegeben von Liselott Diem. Kösel Verlag, München 1974.

Diem Liselott, Gerhardus Hiltrud: Sport im 4. bis 6. Lebensjahr. Kinder lernen Sport, Band 4 herausgegeben von Liselott Diem. Kösel Verlag, München 1973.

Diem Liselott: Sport im 7. bis 10. Lebensjahr. Kinder lernen Sport, Band 5 herausgegeben von Liselott Diem. Kösel Verlag, München 1975.

Egger Traude, Waidringer Margarete: Turnen im Kindergarten. Gesunde, gewandte, selbstsichere Kinder durch frühzeitig einsetzende Leibeserziehung. Verlagsgesellschaft Jugend und Volk, München 1971.

Fomin N. A., Filin W. P.: Altersspezifische Grundlagen der körperlichen Erziehung. Schriftenreihe zur Praxis der Leibeserziehung und des Sports, Band 87. Verlag Karl Hofmann, Schorndorf 1975.

Gaulhofer Karl: System des Schulturnens – und weitere Schriften aus dem Nachlaß Gaulhofers. Herausgegeben von Univ. Prof. Dr. Hans Groll. Theorie und Praxis der Leibesübungen, Band 29. Österreichischer Bundesverlag, Wien 1966.

Gerken Marianne, Döring Peter, Fanslau Hartmut: Entwicklung koordinativer Fähigkeiten und motorischer Fertigkeiten. Didaktisch-methodische Modelle für die Schulpraxis. Modellbeispiel V: Primarstufe. Verlag Karl Hofmann, Schorndorf 1975.

Glathe Brita: Gymnastik für Mutter und Kind. 70 Turnspiele für Mütter mit Kindern. Wilhelm Heyne Verlag, München 1972.

Gröszing Stefan: Einführung in die Sportdidaktik: Lehren und Lernen im Sportunterricht. 4. Auflage 1983, Limpert Verlag, Bad Homburg.

Gutiérrez Salgado Carlos: Matrogimnasia o gimnasia simultanea para madres e hijos in: Actas del congreso mundial de educación fisica y deportiva, Instituto Nacional de Educación Fisica y deportes, Madrid 1968.

Hahn Erwin, Kalb Günter, Pfeiffer Lorenz: Kind und Bewegung. Kinderturnen kritisch betrachtet. Schriftenreihe des Bundesinstituts für Sportwissenschaft, Band 19. Verlag Karl Hofmann, Schorndorf 1978.

Hogrefe Susanne, Konrad Monika, Oswald Karin, Redecker Helga: Toben, Turnen, Bewegen mit Kindern. Anregungen für zu Hause und für den Kindergarten. Rowohlt Taschenbuchverlag, Reinbeck bei Hamburg 1982.

Kennel-Kobi Lilo: Fitness für dich und dein Kind. Gymnastik daheim. Albert Müller Verlag AG, Rüschlikon-Zürich 1972.

Lautwein Theo, Sack Maria: Sport + Spiel = Spaß + Gesundheit. Eltern üben mit Vorschulkindern. 1. Auflage 1972, Ernst Klett Verlag, Stuttgart.

Lewin Käthe: Turnen im Vorschulalter. Anleitung für Kindergärten und Kindersportgruppen des Deutschen Turn- und Sportbundes. 3. Auflage 1973, Volk und Wissen Volkseigener Verlag, Berlin.

Meinel Kurt: Bewegungslehre. 4. Auflage 1971, Volk und Wissen Volkseigener Verlag Berlin.

Mitterbauer Günther, Schmidt Gerhard: 300 Bewegungsspiele für Schule, Verein, Freizeit und Familie. Steiger Verlag, Innsbruck 1985.

Müller Hans-Jürgen, Decker Robert, Schilling Friedhelm: Motorik im Vorschulalter. Wissenschaftliche Grundlagen und Erfassungsmethoden. Schriftenreihe des Bundesinstituts für Sportwissenschaft, Band 1. Verlag Karl Hofmann, Schorndorf 1975.

Niedermann Erwin (Herausgeber): Leibeserziehung und Schulsport. Österreichischer Bundesverlag, Wien 1983.

Neumann-Neurode Detlef, Kaiser Wendula: Säuglingsgymnastik. 28. Auflage 1955, Quelle und Meyer, Heidelberg.

Nikitin Boris und Lena: Die Nikitin-Kinder. Ein Modell frühkindlicher Erziehung. Kiepenheuer und Witsch, Köln 1978.

Müller H.: Die Bewegungserziehung des Risikokindes. In: Krankengymnastik Nr. 6, Pflaum Verlag, München 1973.

Palm Jürgen und Lilo: Unsere Kinder wollen turnen. Kleine Ratgeber. Bertelsmann Ratgeberverlag Reinhard Mohn, Gütersloh 1969.

Prokop Ludwig: Kinder-Sportmedizin; physiologische und pathologische Aspekte des Kinder- und Jugendsports. Gustav Fischer Verlag, Stuttgart–New York 1986.

Prudden Bonnie: Spiel mit mir – turn mit mir! 6-Jahresplan für Dein Kind. Ungekürzte Sonderausgabe 1970, Paul Zsolnay Verlag Wien/Hamburg.

Recla Josef, Hirsch Rudolf: Frohes Spielen, Lebendige Spielerziehung in praktischen Beispielen. 3. neubearbeitete Auflage, Graz 1960, Landesjugendreferat Steiermark-Eigenverlag.

Scharll Martha: So lernt das Kind sich gut zu halten. 7. Auflage 1966, Georg Thieme Verlag, Stuttgart.

Schmidt Gerhard: 22 Fachartikel zum Thema »Mutter- und Kind-Turnen«. In: Leibesübungen – Leibeserziehung. Österreichischer Bundesverlag, Wien (von 1968 bis 1986).

Schmidt Gerhard: Die Mutter als erste Turnlehrerin ihres Kindes. In: Jugend und Sport, Heft 1. 1972, Magglingen (Schweiz).

Schmidt Gerhard: Eltern turnen mit ihren Kindern. In: Jugend und Sport, Heft 8. 1972, Magglingen (Schweiz).

Schmidt Gerhard, Weyer Fritz, Wöll Ingolf: Handbuch, Praktischer Behelf für den Übungsleiter. 3. Auflage 1975, Herausgeber: Österreichische Turn- und Sportunion, Wien.

Schuhmacher Edith: Singspiele und Kindertänze für die Grundschule. Schriftenreihe zur Praxis der Leibeserziehung und des Sports, Band 68. Verlag Karl Hofmann, Schorndorf.

Schulz Helmut: Leichtathletik für Kinder bis zum 8. Lebensjahr. Spiel- und Übungsformen. Eine Hilfe für Schule, Verein, Kindergarten und Elternhaus. Verlagsanstalt Otto Pohl, Celle 1974.

Schulz Helmut: Turnen und Spielen für unsere Kleinsten, 2. Teil. Gymnastik für Kinder bis zum 8. Lebensjahr ohne Handgeräte und mit Handgeräten. Mütter turnen mit ihren Kindern. 2. Auflage 1972, Verlagsanstalt Otto Pohl, Celle.

Schulz Helmut: Turnen und Spielen für unsere Kleinsten, 3. Teil. Bewegungsschulende Aufgaben im Bodenturnen und an den Geräten für Kinder bis zum 8. Lebensjahr. Mütter turnen mit ihren Kindern. Verlagsanstalt Otto Pohl, Celle 1970.

Seybold Annemarie: Schulgymnastik 1, Laufen, Hüpfen, Springen. 2. Auflage 1980, Limpert Verlag, Bad Homburg.

Seybold Annemarie: Schulgymnastik 2, Mit Ball, Seil und Reifen. 2. Auflage 1978, Limpert Verlag, Frankfurt am Main.

Seybold Annemarie: Sportunterricht in der Grundschule. Studientexte zur Grundschuldidaktik. Klinkhardt, 1981.

Seybold Annemarie: Die Prinzipien der modernen Pädagogik in der Leibeserziehung. Beiträge zur Lehre und Forschung der Leibeserziehung, Band 1. Herausgegeben vom Ausschuß deutscher Leibeserzieher. 5. erw. Auflage 1959, Verlag Karl Hofmann, Schorndorf.

Seybold Annemarie: Didaktische Prinzipien der Leibeserziehung. Beiträge zur Lehre und Forschung der Leibeserziehung, Band 48, herausgegeben vom Ausschuß deutscher Leibeserzieher. Verlag Karl Hofmann, Schorndorf 1972.

Streicher Margarete: Natürliches Turnen 1. Teil. Verlag Jugend und Volk, Wien – München 1971.

Streicher Margarete: Zur Gestaltung des Mädchen- und Frauenturnens. Deutscher Verlag für Jugend und Volk, Wien–Leipzig–New York, 1925.

Tollich Helene, Sulke Hedwig: Turnt mit uns! Ein Behelf für Eltern, Kindergärtnerinnen und andere Erzieher von Kleinkindern. Österreichischer Bundesverlag, Wien 1972.

Ungerer Dieter: Leistungs- und Belastungsfähigkeit im Kindes- und Jugendalter. Schriftenreihe zur Praxis der Leibeserziehung und des Sports, Band 15. Verlag Karl Hofmann, Schorndorf bei Stuttgart.

Vogt Ursula: Die Motorik 3–6jähriger Kinder. Ihre Abhängigkeit vom biologischen Entwicklungsstand und sozialen Umweltfaktoren. Beiträge zur Lehre und Forschung im Sport, Band 66. Herausgegeben vom Ausschuß deutscher Leibeserzieher. Verlag Karl Hofmann, Schorndorf 1978.

Vorderwülbecke Heidi und Manfred, Neubauer-Zacharias Veronika: Purzelpeter. Kindergymnastik in lustigen Nachahmungsspielen. Verlag Sellier, Freising 1970.

Vorderwülbecke Heidi und Manfred: Gymnastik + Spiel mit unseren Kleinen. BLV Verlag, München 1969.

Wallis Earl L., Logan Gene A.: Gymnastik für Kinder. Warum brauchen Kinder Gymnastik? Die Bewegung des Körpers – Ausdauer – Gelenkigkeit – Körperkraft. Haltungsschäden, Übungsprogramme. Wilhelm Goldmann Verlag, München.

Weywar Alois: Organische Bewegung. Verlag »Neues Leben«, Bad Goisern 1960.

Zauner Renate: Turnen mit Kindern. Anleitungen für Mütter zur Gymnastik mit haltungsschwachen Kindern. 2. Auflage 1968, Otto Maier Verlag, Ravensburg.

Fachfilme

Zum Thema Bewegungserziehung im Vorschulalter gibt es folgende vier Filme des Autors:

Filmtitel	**Dauer**	**Länge**
Leistungsfähigkeit im Kindesalter *Turnen* (1971)	19 Minuten	190 Meter
Leistungsfähigkeit im Kindesalter *Schwimmen* (1972)	19 Minuten	190 Meter
Leistungsfähigkeit im Kindesalter *Schilauf* (1974)	20 Minuten	200 Meter
Mutter-Kind-Turnen (1976)	30 Minuten	300 Meter

Alle vier Filme in Farbe, 16 mm, Lichtton, je eine Filmrolle oder Video-Kassette (VHS-System)
Die Filme können auch ausgeliehen werden:

in Österreich:

Bundesstaatliche Hauptstelle für Lichtbild und Bildungsfilm, A-1152 Wien, Plunkergasse 3–5

Sportfilmverleihstelle – Universitätssportzentrum Schmelz, A-1150 Wien, Auf der Schmelz 6

Institute für Sportwissenschaften der Universitäten Graz und Innsbruck

in der Schweiz:

Eidgenössische Turn- und Sportschule Magglingen

in der Bundesrepublik Deutschland:

Deutsche Sporthochschule Köln

Institut für Film und Bild in Wissenschaft und Unterricht; München

Folgende Länder haben bisher Kopien der Filme erworben und zum Teil in den Landessprachen synchronisiert:
Argentinien, Bundesrepublik Deutschland, Israel, Norwegen, Schweden, Schweiz, Spanien.

Professor Dr. Gerhard Schmidt ist ein begnadeter Pädagoge, dessen Unterrichtsweise ich kennenlernte und bestätigen kann, wie anregend und einfallsreich er oft trockenes Material seinen Schülern und Studenten vermittelte. Besonders seine Spielpraktiken mit neuen Inhalten und interessanten Aufgaben sind hervorragend und übertreffen bisherige Veröffentlichungen.

Für das Buch »Mutter-Kind-Turnen« wünsche ich viel Erfolg und hoffe, daß dabei auch die Mitarbeit des Vaters einbezogen wird. Die Familienspiele sollten in Zukunft besonders bevorzugt werden, damit Eltern lernen, die Bewegungsfähigkeit ihrer Kinder durch geeignete Spielanregungen zu unterstützen.

Prof. Liselott Diem